सकारात्मक विचारों का जादू

सद्विचारों की रोशनी दुर्भाग्य के अंधकार को खत्म कर देती है।

लेखक
सूर्या सिन्हा
मानव प्रशिक्षक एवं प्रेरक

डायमंड बुक्स

प्रकाशक :
डायमंड पॉकेट बुक्स (प्रा.) लि.
X-30, ओखला इंडस्ट्रियल एरिया, फेज-II, नई दिल्ली-110020
फोन : 011-40712100, 41611861, फैक्स : 011-41611866
ई-मेल : sales@dpb.in वेबसाइट : www.diamondbook.in
टाइप एवं सेटिंग: **विनर्ज़ ट्रैक**, मयूर विहार फेस -3, दिल्ली - 110096

Sakaratmak Vicharon Ka Jadoo

By Surya Sinha

शुभकामनाओं के साथ एक मूल्यवान भेंट

प्रिय स्नेही,

श्री/श्रीमती/कुमारी ____________________

मुझे हार्दिक प्रसन्नता है कि अपने असीम स्नेह एवं शुभकामनाओं के साथ मैं आपको यह पुस्तक भेंट कर रहा/रही हूं।

दरअसल जीवन को संवारने, श्रेष्ठता प्राप्त करने और उसका मूल उद्देश्य समझने में जिस गहरी दृष्टि की आवश्यकता होती है, सूर्या सिन्हा की यह पुस्तक वही दृष्टि प्रदान करती है।

यह पुस्तक आपके आगे खोलेगी विचारों की अद्भुत दुनिया। इस पुस्तक में विचारों को लेकर सूर्या जी का मंथन बेहद सटीक व उपयोगी है। और इसके साथ-साथ विचारों की दिव्यता, व्यापकता एवं विचारों के जीवन पर पड़ने वाले प्रभाव से संबंधित भी बहुत ही बेहतरीन सामग्री है।

सकारात्मक विचारों की शक्ति और नकारात्मक विचारों से होने वाले नुकसान की जो तुलनात्मक तस्वीर उन्होंने खींची है, उसने इस पुस्तक को एक मार्गदर्शक मित्र बना दिया है।

मेरी हार्दिक इच्छा है कि आपका जीवन दिव्य हो, श्रेष्ठ हो एवं सुख-शान्ति व सफलता से भरा पूरा हो। मुझे पूर्ण विश्वास है कि उस उद्देश्य को पाने के लिए यह पुस्तक आपके लिए एक उपयोगी साथी के रूप में बहुमूल्य उपहार सिद्ध होगी, इसी विश्वास के साथ यह पुस्तक भेंटस्वरूप आपको अर्पित कर रहा/रहीं हूं।

दिनांक : .... **आपका/आपकी शुभेच्छु**

____

(भेंटकर्त्ता)

समाज
कल्याण के हित में
तथा व्यक्तित्व विकास हेतु यह
पुस्तक आप किसी को भी उपहार
स्वरूप भेंट कर सकते हैं। उपहार स्वरूप
भेंट करने के लिए जिन सज्जनों को इस
पुस्तक की आवश्यकता हो, वे इसे कम
मूल्य पर 'विनर्ज़ ट्रैक' की गिफ्ट
योजना के तहत प्रकाशक से सीधे
संपर्क कर मंगा सकते
हैं।

समर्पण

यह पुस्तक समर्पित है
माता वैष्णों देवी
के चरणों में,
जिनकी अपार कृपा
मुझ पर है।

अगर आप अपने जीवन में कुछ करना चाहते हैं, सफलता चाहते हैं, परेशानियों व मुसीबतों से बाहर निकलना चाहते हैं तो उसके लिए सबसे अच्छा तरीका यह है कि आप कुछ ऐसे लोगों की तलाश करें जो आप की ही तरह आगे बढ़ना चाहते हों और सकारात्मक व उच्च विचार रखते हों, फिर उनके साथ मिलकर आप भी पूरी लग्न व सच्ची निष्ठा के साथ आगे बढ़ें, आपको सफलता अवश्य मिलेगी।

—सूर्या सिन्हा

विषय सूची

सकारात्मक विचारों का जादू खंड-2

दो बातें आपसे

दोस्तों!

यह पुस्तक आपके हाथों में है, आप इसे पढ़ना शुरु करें, उससे पहले दो बातें मैं आपसे करना चाहूंगा। मैं यह बताना चाहूंगा कि मैंने यह पुस्तक क्यों लिखी? दरअसल मानव जीवन बहुत ही उतार-चढ़ावों से भरा है, जीवन के लगभग हर मोड़ पर उतार-चढ़ाव आते ही रहते हैं। कभी खुशियों की झड़ी लगती है तो कभी गमों की आंधियां चलती हैं। अधिकतर लोग जीवन में आने वाले सुखों और दुखों को भाग्य अथवा पूर्वजन्मों के कर्मों के अनुसार जोड़-घटा लेते हैं। कुछ इन परिस्थितियों को कर्मों का फल कहकर खुद को इनसे अलग कर लेते हैं। हो सकता है कि भाग्य, प्रारब्ध और कर्मों की इन बातों में कुछ हद तक सच्चाई हो, लेकिन जीवन में सुख, शांति, समृद्धि, संतोष आदि को लेकर मेरा नजरिया थोड़ा अलग और हटकर है।

मेरा पक्का विश्वास है कि मनुष्य का जीवन सबसे अधिक उसके विचारों से ही प्रभावित होता है। वर्षों के अनुभव से मैंने यह पाया है कि हमारे विचार ही हमारे सुख-दुख, शान्ति-अशान्ति, सफलता-असफलता, सन्तोष या असन्तोष का प्रमुख कारण होते हैं। हमारे विचारों में इतनी शक्ति है कि वे हमारे जीवन को पूरी तरह से बदल कर रख देते हैं। जहां एक सुन्दर और सकारात्मक विचार जीवन रूपी इस उपवन को पूर्णतया महका देता है, वहीं कोई बुरा और नकारात्मक विचार हमारे जीवनरुपी उपवन को तहस-नहस भी कर देता है। मानव व्यवहार के अध्ययन के वर्षों के अनुभव से प्रेरित होकर ही मैंने यह पुस्तक लिखी है।

दोस्तों! अपनी पूर्व प्रकाशित पुस्तकों में मैं पहले भी अपना यह निजी अनुभव आपसे बांट चुका हूं। कुछ वर्ष पहले मैं एक सफल टीवी सीरियल एवं फिल्म एडीटर था। आज भी उस समय का एक-एक पल किसी फिल्म के सीन की तरह मेरी आंखों के सामने आ जाता है। मैं देखता हूं तो पाता हूं कि मेरे द्वारा सम्पादित कई सीरियल कई चैनलों पर दिखाए जा रहे थे। शायद इस पुस्तक के लेखन की बुनियाद भी उसी समय रखी जा रही थी क्योंकि यह वह समय था जब मेरी सफलता सिर चढ़कर बोल रही थी। जब किसी को हर पग पर सफलता मिलने लगती है तो उसे यह गुमान हो जाता है कि अब वह कहीं भी, किसी भी काम में हाथ डालेगा तो सफलता उसके कदम चूमेगी। ऐसा ही मेरा भी विचार था, लेकिन जल्द ही मुझे पता चल गया कि मेरा वह विचार कितना गलत था। इतना गलत कि उसने मेरी जिन्दगी को ही तहस-नहस कर डाला। हुआ यूं कि किसी दूसरे की सलाह से मैंने फिल्म डिस्ट्रीब्यूशन के व्यवसाय में कदम रख दिया, मुझे जबरदस्त घाटा हुआ, मैं लगभग कंगाल हो गया। बाद में कारणों की खोजबीन करने पर मुझे पता चला कि मेरे साझेदारों, सहयोगियों और कर्मचारियों—लगभग सभी ने मुझसे धोखा किया था। जैसे ही मेरा वक्त खराब होना शुरू हुआ, एक-एक करके सभी मुझसे किनारा कर गए। इतना ही नहीं, मेरा साथ निभाने की कसमें खाने वाले मित्रों और कथित मददगार परिचितों ने भी मुझसे दूरियां बना लीं। किसी ने मुझे अव्यवहारिक कहा, किसी ने बेवकूफ, मुझे घायल कर देने वाले ताने कसे गए और मेरे फैसलों को लेकर मेरा मजाक उड़ाया गया।

उस बुरे दौर में ही मैंने जाना कि अर्श से फर्श पर गिरे व्यक्ति की क्या गति होती है? मैं बुरी तरह आहत था, परेशान था कि यह सब इतनी जल्दी कैसे और क्यों हो गया? खैर, ऐसे बुरे दौर में भी मैंने अपने मन में नकारात्मक और विध्वंसकारी विचारों को नहीं आने दिया। अपने आत्मविश्वास को डगमगाने नहीं दिया। मैं गिरा जरूर था, पर मेरी उठकर

खड़ा होने की इच्छा नहीं गिरी थी। ईश्वर में पूर्ण आस्था रखकर मैंने नए सिरे से जीवन की शुरुआत करने का निर्णय लिया।

उस दौर में, मेरे मन में कई बार निराशाजनक विचार चले आते थे। लेकिन मेरी सकारात्मक सोच के सामने उन सभी बुरे, निराशावादी और विध्वंसक विचारों को दम तोड़ना पड़ा। अपने सकारात्मक विचारों को और दृढ़ बनाने तथा नई ऊर्जा प्राप्त करने के लिए मैंने कई ध्यान शिविरों (मैडिटेशन कैम्पस) में भाग लिया। आध्यात्मिक एवं व्यवसायिक रूप से सफल लोगों की जीवनी पढ़ी, इससे मुझे बहुत से नए-नए, रचनात्मक एवं सकारात्मक विचार मिले।

इन्हीं में एक प्रभावशाली विचार था–

वृक्ष कटने के बाद भी हरा-भरा हो सकता है, यदि उसकी जड़ें सलामत हों।

इस विचार ने मुझे एक नई दृष्टि दी, नया हौसला दिया। मैंने ढूंढा और पाया कि मेरे मस्तिष्क में विचार रुपी जड़ें स्वस्थ और सलामत थीं। उन विचारों में आगे बढ़ने की उमंगें थी, जीवन के प्रति उत्साह था और नए जीवन की शुरूआत करने की तैयारी के लिए, मेरे पास ईश्वर के द्वारा दिया गया बेशकीमती दिमाग भी था।

और उसी का नतीजा है कि – आज मैं एक सफल लेखक, मानव प्रशिक्षक एवं प्रेरक के रूप में जाना जाता हूं। आज पीछे मुड़कर देखता हूं तो पाता हूं कि यह मेरे स्वस्थ, सकारात्मक, आशावादी और सृजनशील विचारों का ही जादू था जिसने दोबारा से समाज में मेरी एक पहचान बनाई। अतः जब मैंने स्वयं विचारों की शक्ति का इतना प्रभावी परिणाम देखा तो मेरे मन में एक लेखक होने के नाते यह विचार आया कि सकारात्मक विचारों के इस जादू से मैं अपने पाठकों को भी क्यों न अवगत कराऊं और मेरा यह विचार ही इस पुस्तक की बुनियाद बना। इसलिए मैं उस कठिन दौर को इस पुस्तक की बुनियाद का दौर भी

मानता हूं।

दोस्तों! वर्षों के अनुभव के आधार पर मैं सच कहता हूं और बार-बार कहता हूं कि सकारात्मक विचार जादू करते हैं। असीम शक्ति है सकारात्मक विचारों में। नकारात्मक विचार यदि व्यक्ति को हताशा के अंधकार में डुबा देते हैं तो सकारात्मक एवं आशावादी विचार उसे विकास की बुलंदियों पर भी पहुंचा देते हैं।

इस पुस्तक में, मैंने दोनों ही प्रकार के विचारों-सकारात्मक तथा नकारात्मक, के बारे में पूरे विस्तार से बताया है। इनके लाभ व हानि दोनों को स्पष्ट किया है। इस पुस्तक को व्यावहारिक व अधिक उपयोगी बनाने के लिए मैंने इसे दो खंडों में बांटा है। खंड एक व खंड दो।

खंड एक में, विचारों का आधार, उनकी आधारभूमि, उनका दर्शन और उनका जीवन पर पड़नेवाला प्रभाव मैंने प्रस्तुत करने का प्रयास किया है। खंड एक में व्यक्तित्व निर्माण में विचारों की आधारशिला की क्या भूमिका है, यह भी स्पष्ट करने का प्रयास किया है। इसके अतिरिक्त, विचारों से हमारा संसार और संसार द्वारा हमारे विचार कैसे प्रभावित होते हैं, यह भी सरलता से सामने रखने का यथासंभव मैंने प्रयास किया है।

वहीं खंड दो में, मैंने विचारों को जीवन उपयोगी सूत्र में बदलने के तरीके को रेखांकित करने का प्रयास किया है। जैसाकि मैंने पुस्तक के पहले खंड में विचारों का आधार व संसार के व्यावहारिक सबक सिखाने के लिहाज से तैयार किया है जोकि अत्यंत आवश्यक था। वहीं मेरा यह भी मानना था कि केवल दर्शन या व्याख्या से ही पुस्तक का उद्देश्य पूर्ण नहीं हो सकता जबतक कि वह पाठकों तक पहुंचाए गए ज्ञान को उनके जीवन को बदलने की कुंजी न बन सके।

जिस प्राणपण से व्यावहारिक कड़ियों को मैंने इस पुस्तक में जोड़ने का प्रयास किया है, संभवत: वो मार्गदर्शक व प्रेरक पुस्तकों की दुनिया में एक नया अध्याय जोड़ सकेंगी साथ ही यह पुस्तक डूबते को तिनके

का सहारा बनेगी और आगे बढ़ने वाले के लिए एक प्रेरणा स्रोत! ऐसी मेरी सद्भावना है। बस एक बार आप पूरे मन की एकाग्रता से इस पुस्तक को पढ़े और देखें आपके जीवन में सकारात्मक विचारों का जादू क्या रंग भरता है!

आपका
सूर्या सिन्हा

website : www.suryasinha.com
E-mail : contact@suryasinha.com or suryasinha@suryasinha.com

ऐसा कोई नियम नहीं कि आप कुछ पाना चाहें और बिना प्रयास व परिश्रम के आपको वह हासिल हो जाए।

–सूर्या सिन्हा

सकारात्मक विचारों का जादू

खंड-1

यदि आपने कोई विचार किया है, तो वह अच्छी बात है, यदि आपने दोबारा मनन करने के बाद वही विचार किया है, तो वह बुद्धिमत्तापूर्ण है। अगर इसके बाद आपने उस विचार को मूर्तरूप देने का कदम उठा लिया तो वह सफलता की दिशा में उठाया गया कदम बन जाता है।

—सूर्या सिन्हा

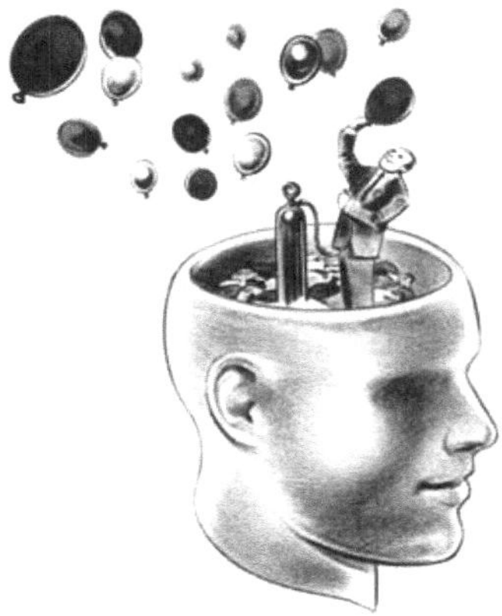

सकारात्मक विचार क्या हैं?

✍ दोस्तो! जिन सकारात्मक विचारों की बात हम इस पुस्तक में करने जा रहे हैं, आखिर वे विचार हैं क्या? सबसे पहले हम विचारों की परिभाषा से शुरू करते हैं।

दरअसल, हमारी सोच ही हमारे विचार हैं। हमारे मन में जो संकल्प-विकल्प उठते हैं, हम जो कल्पनाएं करते हैं, वे सब हमारे विचार हैं।

इन विचारों के भी कई प्रकार हैं जैसे–

- **सकारात्मक विचार**
- **नकारात्मक विचार**
- **आशावादी विचार**
- **निराशावादी विचार**
- **सात्विक विचार**
- **दूषित विचार**
- **वैराग्यवादी विचार**
- **मोहमायावादी विचार**

वर्तमान दौर में, आधुनिक मनुष्य शिक्षा के बावजूद संतुष्ट और खुशहाल नहीं है। असल में, इसके पीछे एक गलत मानसिकता जिम्मेदार है। यह देखा गया है कि अधिकांश लोग कई प्रकार के नकारात्मक विचारों से ग्रसित हैं। आज व्यक्ति के दुख और अशान्ति का प्रमुख कारण भी यही है कि उसने अच्छे विचारों के साथ-साथ व्यर्थ और नकारात्मक विचारों को भी अपने मन-मस्तिष्क में जगह दी हुई है। यह ठीक नहीं है।

अधिकांश लोग अच्छा कम सोचते हैं, बुरा ज्यादा। वे तस्वीर का उजला पक्ष कम देखते हैं, स्याह ज्यादा। वे अच्छे परिणामों की आशा कम करते हैं, बुरे परिणामों की आशंका से अधिक ग्रस्त रहते हैं। जबकि प्रत्येक क्षेत्र में उत्थान के लिए बेहद जरुरी है कि मनुष्य सकारात्मक सोच व आशावाद का नजरिया रखे, बुरे और दूषित विचारों की बजाए सात्विक विचारों का संग्रह करे। अधिकांश लोगों के दिमाग में व्यर्थ की खुराफातें भरी हैं। वे या तो गुजर चुके कल के हादसों, हानियों, दुर्घटनाओं, शत्रुताओं आदि के विचारों से ग्रसित रहते हैं या फिर भविष्य में आने वाली परेशानियों व खतरों के साए में हरपल सांस लेते रहते हैं। वे आज में नहीं जीते क्योंकि उनके व्यर्थ के विचार उन्हें आज में जीने का, आज के लिए कुछ अच्छा सोचने या कुछ अच्छा करने का अवसर ही नहीं देते। इस आत्मघाती नजरिए से उनका आज का बेहद कीमती वक्त कल (भूत व भविष्य दोनों) की चिंता में खत्म होता रहता है और वे जीवन की दौड़ में पिछड़ते चले जाते हैं।

अपने विचारों को खुबसूरत बनायेंगे तो आपको अपनी दुनिया अपने आप खुबसूरत दिखाई देने लगेगी।

अच्छी या सकारात्मक सोच वाला व्यक्ति

- क्रोध नहीं करता और न ही बात-बात पर उत्तेजित होता है।
- अंहकार में नहीं रहता और दूसरों को पूरा सम्मान देता है। गौर से प्रत्येक की बात सुनता है।
- उसके मन में किसी प्रकार की कुंठा नहीं होती। मन में कोई बात हो तो तुरन्त उसका समाधान करता है।
- कभी भी किसी परिस्थिति का स्याह पक्ष नहीं देखता। सदैव उसका उज्जवल यानी उन्नति का पक्ष सामने रखता है।
- कैसी भी परिस्थिति क्यों न बन जाए, कभी भी गलत रास्ते पर नहीं चलता। सत्य और ईमानदारी में पूर्ण विश्वास रखकर उसी मार्ग पर चलता है।
- मन-मस्तिष्क में कभी भी गलत या नकारात्मक विचारों को प्रवेश नहीं करने देता।
- सदा आशावान बना रहता है तथा दूसरों को भी प्रेरणा देता है।

मुझे नही मालूम कि लोग अक्सर यह क्यों सोचते रहते हैं कि उनके पास क्या नहीं है, जबकि उन्हें यह सोचना चाहिए कि उनके पास क्या-क्या है और वे क्या-क्या कर सकते हैं।

बुरी या नकारात्मक सोच वाला व्यक्ति

- बात-बात पर उत्तेजित और क्रोधित हो जाता है।
- किसी-न-किसी मद में चूर रहता है।
- हमेशा अहंकार में रहकर व्यवहार करता है।
- अपने सामने किसी को कुछ नहीं समझता। दूसरों की बात न सुनकर सिर्फ अपनी-अपनी हांकता है।
- अभावों और असफलताओं से ग्रस्त होकर कुंठित रहता है।
- कुंठाओं की वजह से लगातार निराशा और भय में जीता है।
- समस्या का समाधान नहीं करता उल्टा झुंझलाहट में समय बर्बाद करता है।
- जल्दी में फैसले करता है और हानि होने पर दूसरों पर दोषारोपण करता है।
- आगा-पीछा नहीं सोचता क्योंकि 'मैं श्रेष्ठ हूं' वाली सोच उसके मन-मस्तिष्क पर सदा हावी रहती है।
- हमेशा तस्वीर का काला पक्ष सामने रखता है। असफलताओं और हानि की बातें करके दूसरों के भी हौसले तोड़ता है।
- थोड़ा सा संकट आते ही कुमार्ग पर चल पड़ता है। झूठ और बेईमानी से परहेज नहीं करता।

अब आपको यह स्पष्ट हो ही गया होगा कि दोनों सोच में कितना फासला है, अब आप अपने विवेक से यह फैसला करें कि आप कौन सी सोच के व्यक्ति हैं।

ध्यान रहे–

अच्छी सोच वाला व्यक्ति क्रोध, कुंठा, कुसंग, कुदृष्टि, कुमार्ग, कुकृत्यों और कुविचारों से सदैव दूर रहता है। जो इन विकारों का शिकार है, उसकी सोच अच्छी हो ही नहीं सकती।

---●---

जहां आपका साहस आपका सौभाग्यशाली मित्र साबित होता है तो कहीं आपका दुस्साहस आपकी भयंकर विपत्ति का जनक बन जाता है।

—सूर्या सिन्हा

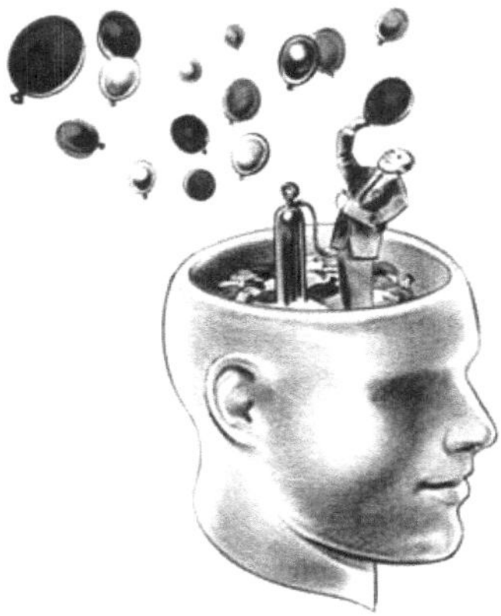

एक विचार पूरा जीवन बदल सकता है

✍ अपनी जीवनयात्रा में आने वाले महत्वपूर्ण पड़ावों और सुअवसरों को क्या कभी हम रुककर गौर से देखते हैं।

अगर नहीं तो मैं बताता हूं कि ऐसा करना क्यों बहुत जरूरी है क्योंकि आपको विचारों का जादू देखना है और विचारों के इस जादू को देखने का रहस्य यही है कि हम अपने जीवन के प्रत्येक भाव को गहराई से समझें व तभी आगे बढ़ने का निर्णय लें।

भूलिए मत, समाजशास्त्रियों और मनोचिकित्सकों का मानना है कि अधिकांश दुख, भय, उत्साहहीनता, विपत्तियां, संकट या अवसाद मनुष्य के स्वयं के ही विचारों की उपज हैं।

इसे ऐसे कह सकते हैं–

विचार ही मनुष्य का जीवन है और विचार ही मृत्यु।

एक विद्वान का प्रसिद्ध कथन है–

"विचारों के अनुसार ही व्यक्ति के भविष्य का निर्माण और ध्वंस होता है।"

कोई एक विचार ही मनुष्य को जीवन में सफल बना देता है और कोई एक विचार ही उसका जीवन नर्क बना देता है।

उपनिषदों में कहा गया है–

"दुष्ट विचार ही मनुष्य को दुष्ट कर्म की ओर ले जाते हैं।"

यदि आपके विचार नकारात्मक हैं तो आपके मन में भय, उत्साहहीनता, शंकाएं आदि ही जन्म लेंगी, कल्याण की भावना नहीं।

नकारात्मक विकार (भय, उत्साहहीनता, शंकाएं आदि) धीरे-धीरे व्यक्ति को जड़ कर देते हैं। दीन-हीन बना देते हैं। उसका उत्साह समाप्त हो जाता है। उत्साहहीनता से व्यक्ति की निर्णायक शक्ति घट जाती है। वह गलत निर्णय करने लगता है। वह समझदारी, सूझबूझ, दूरदर्शिता, धैर्य संतुलन, मानसिक संतुष्टि आदि सभी महान गुणों को खो देता है। जबकि सभी जानते हैं कि जीवन में सफलतापूर्वक प्रभावकारी कार्य करने के लिए इन गुणों की कितनी सख्त जरूरत होती है।

इतिहास साक्षी है कि जब किसी व्यक्ति पर संकट आ पड़ता है या अचानक किसी बड़े काम की जिम्मेदारी आ पड़ती है, उसी समय से उसके साहस व धैर्य की परीक्षा आरंभ हो जाती है। दरअसल अकस्मात पैदा हुई यह कठिनाई ही व्यक्ति के साहस, सूझबूझ और निर्णायक शक्ति की पहचान कराने की घड़ी होती है।

ऐसे समय में परिस्थितियों पर नियंत्रण पाने में वही व्यक्ति समर्थ हो पाता है, जो मन की शांति, सहजता, धैर्य, सूझबूझ और विचार शक्ति को नष्ट नहीं होने देता। ऐसा व्यक्ति न तो परिस्थितियों के बेकाबू होने

पर अपना आपा खोता है और न ही अपने इरादों की डगर और पथ से हटता है। वह लगातार चलना जारी रखता है। धीरे-धीरे उसकी गाड़ी पटरी पर चढ़ जाती है। जीवन फिर से सामान्य और खुशहाल हो जाता है। किसी ने सही कहा है –

'संकट की घड़ी में आप अपना दामन खुद मत झटकिए यानि अपने विचारों के प्रति आस्था को डिगने मत दीजिए, फिर देखिए, संकट आपके सामने कैसे घुटने टेक देता है।'

दोस्तों! विचारों की ही सारी माया है। विचार ही दुनिया को जीतता है और विचार ही शासन करता है।

जिसके पास सकारात्मक विचार हैं, उसके पास जीवन का प्रत्येक हथियार है और उसे विजेता बनने से कोई नहीं रोक सकता।

सुप्रसिद्ध विचारक महर्षि अरविन्द ने कहा है–

"जड़ यदि शक्तिशाली है तो विचार सर्वशक्तिमान हैं। इस विचार को अपने जीवन में उतारो और अपने आपको सर्वशक्तिमान, महिमान्वित और गौरवसम्पन्न अनुभव करो। ईश्वर करे तुम्हारे मस्तिष्क में किसी कुसंस्कार को स्थान न मिले। ईश्वर करे कि हम जन्म से ही कुसंस्कार डालने वाले वातावरण में न रहें और कमजोरी तथा बुराई के विचारों से बचें।"

---●---

विचारों में नवीनता का अर्थ है पुराने पड़ते जा रहे जीवन की नए सिरे से शुरुआत।

–सूर्या सिन्हा

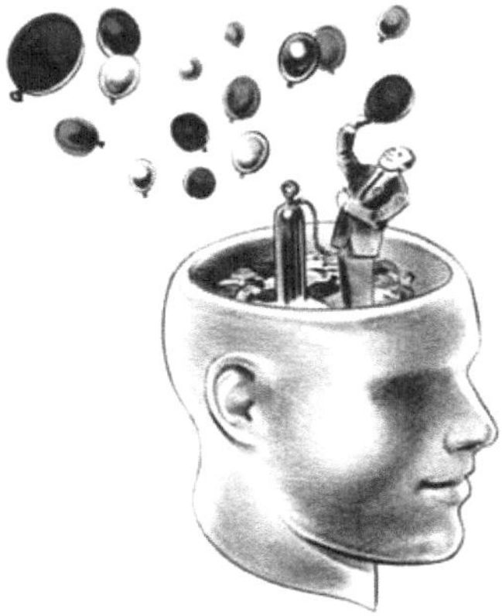

पुराने विचार छोड़, नए अपनाएं

✍ विचारों का जादू देखने के लिए, विचारों का करिश्मा देखने के लिए, विचारों के माध्यम से अपने जीवन में खुशियों के इन्द्रधनुषी रंग भरने के लिए सबसे पहले हमें थोड़ी साफ-सफाई करनी होगी। पहला कदम अपने मन-मस्तिष्क से पुराने विचारों को निकालना होगा। हालांकि जो पुराना है वह जरूरी नहीं कि बासी ही हो। कोई भी विचार दूसरों के हिसाब से बेकार का ही क्यों न हो, पर फिर भी आप उसकी पहचान आज के वक्त की कसौटी पर करें। विचारों को परखें, देखें और नोट करें।

आज कंप्यूटर युग है। हमारे समेत सारी दुनिया बहुत तेजी से भाग रही है विकास की ओर। लेकिन कुछ लोग आज भी इस दौर से बीस साल पीछे हैं, क्यों? क्योंकि वे चिपके हुए हैं रूढ़िवादी, नकारात्मक,

निराशाजनक और उत्साहहीन विचारों से। उन्हें इनसे मुक्त होना होगा।

लेकिन ऐसा होगा कैसे? वास्तव में हमारा मस्तिष्क एक कंप्यूटर की भांति है जिसमें अच्छे-बुरे हजारों-लाखों विचार भरे हैं। ढेरों कल्पनाएं इसमें कैद हैं और यथार्थ के धरातल पर परखी जा सकने वाली कारगर योजनाएं भी। हमें अपने मस्तिष्करूपी इस कंप्यूटर को थोड़ा वक्त के अनुरूप क्रमवद्ध यानी अप-डेट करना होगा। हालांकि हममें से ज़्यादातर लोग अपने कम्प्यूटर में व्यर्थ की फाइलें संजोए रहते हैं। ऐसी फाइलें जिन्हें संजोकर रखने का कोई कारण ही नहीं होता। उन फाइलों में ऐसे निरर्थक प्लान या रिकार्ड होते हैं जो आउटडेटिड हो चुके होते हैं, भविष्य में दूर-दूर तक उनकी कोई जरुरत पड़ने की संभावना नहीं दिखती। ऐसे हालात में न केवल उन बेकार फाइलों में आपके काम की फाइलें भी गुम हो जाती हैं, बल्कि आपके कंप्यूटर की गति पर भी असर पड़ता है, जिससे उसकी काम करने की क्षमता कम होती चली जाती है।

मस्तिष्क भी कंप्यूटर की तरह ही काम करता है। यदि हमारे विचार सकारात्मक नहीं हैं तो हम अपने मस्तिष्करूपी कंप्यूटर में सालों पुरानी विफलताएं, हादसे, निराशाजनक परिस्थितियां, संकटों के दौर, प्रियजनों की मृत्यु की स्मृति, कटुता, अपमान, ईर्ष्या आदि की फाइलें संजोए रखते हैं और वक्त-बे-वक्त हम उन फाइलों को खोलकर बैठ जाते हैं। इस प्रकार हम अपने कीमती समय को गुजरे दौर के मातम मनाने में व्यर्थ कर देते हैं। इतना ही नहीं, युवा वर्ग तो अपनी भावुकता के वश में आकर बड़ी-बड़ी नादानियां कर बैठता है। कुछ युवक-युवतियां तो अपने प्यार की असफलता से इतने आहत हो जाते हैं कि प्रेमी या प्रेमिका के साथ घटी अच्छी-बुरी घटनाओं की अलग-अलग फाइल बना कर रख लेते हैं और चौबीसों घंटे उन्हें

खोलकर बैठे रहते हैं। न खाने की सुध, न पीने की, न पहनने की, न ओढ़ने की। दाढ़ी-बाल बढ़ा लेंगे। ऐसे दिखाई देंगे मानों बर्बाद हो गए हों, लुट गए हों। ऐसे लोगों को देखकर लगता है कि अपना प्यार पाना ही उनके जीवन का सबसे बड़ा लक्ष्य था और चूंकि वे अपना लक्ष्य हासिल न कर सके तो अपना जीवन बर्बाद करने पर तुल गए। उनकी सोच में सिर्फ और सिर्फ यही एक विचार छाया दिखता है। मानसिक और सामाजिक दृष्टि में यह कोरा पागलपन है, बुद्धिहीनता है। आध्यात्मिक जगत भी ऐसे जुनूनी प्यार को मान्यता नहीं देता। इस सबसे जाहिर होता है कि ऐसे लोग जानते ही नहीं कि जीवन के असली मायने क्या हैं?

दोस्तों! जिन्दगी एक सफर है और इसमें लोग मिलते-बिछुड़ते रहते हैं। खुशियां भी मिलती हैं और गम भी मिलते हैं। संकट भी आते हैं और नई राहें भी खुलती हैं। आशा-निराशा, सफलताएं-विफलताएं सभी इस जीवन के अंग हैं। अतः किसी भी परिस्थिति में व्यक्ति को किसी एक पड़ाव पर नहीं रुक जाना चाहिए। मिलना-बिछुड़ना, जीना-मरना, ये सब प्रकृति के नियम हैं और समझदार व्यक्ति किसी एक ही घटना को लेकर जीवन भर उसकी याद में बैठा नहीं रह सकता और न ही बैठना चाहिए।

जागरुक व सफल व्यक्ति, समय-चक्र के साथ-साथ चलता रहता है। जब कोई ऐसा नहीं करता यानी समय के साथ-साथ वह अपने विचारों को नहीं बदलता और पुरानी घटनाओं और हादसों आदि में ही उलझकर रह जाता है तो उसके मस्तिष्क में अच्छे और सफलता देने वाले विचारों का सृजन हो ही नहीं पाता। ऐसे लोग भटकते रहते हैं, अतीत की उन अंधेरी गलियों में, जिनका उनके वर्तमान जीवन में कोई महत्व नहीं होता। इस प्रकार का मानसिक भटकाव उनके वर्तमान और भविष्य दोनों को ही चाट जाता है और वे जीवन में एक पिटे हुए मोहरे

बनकर रह जाते हैं। जरा देखें की कहीं आप भी इसी वर्ग में तो नहीं हैं?

खैर, सवाल उठता है कि फिर क्यों हम उन यादों को जीवित रखने का प्रयास करते हैं, जिन्हें मिटा देना ही उचित होता है।

आप जरा अपने आपको टटोलिए कि कहीं आपकी नाकामी का कारण यही तो नहीं है कि आपका मस्तिष्क पुरानी घटनाओं, हादसों, स्मृतियों, कटुताओं आदि में उलझ कर रह गया हो? यदि ऐसा है तो सचेत हो जाइए, आप असफलता की दलदल में बुरी तरह धंसने जा रहे हैं। जो अतीत की अंधेरी गलियों में नहीं भटक रहे, वे जीवन में सफल्ता की राह का निर्माण करने में लगे हैं। और वक्त भी उनका स्वागत करता है।

दोस्तों, आज दुनिया तेजी से भाग रही है, सभी आगे बढ़ना चाहते हैं। नयी-नयी तकनीक, नए-नए अवसर, ढेरों संभावनाएं आज दिखाई देती हैं। लेकिन देखने में आ रहा है कि इस अनुपात में युवा वर्ग तरक्की नहीं कर पा रहा है। इसका सबसे बड़ा कारण है–विचारों में नवीनता का न होना। नए विचार इसलिए जन्म नहीं ले पाते क्योंकि मस्तिष्क में पहले ही अतीत रूपी व्यर्थ का कूड़ा भरा पड़ा है।

किसी युवक को अच्छी तनख्वाह वाली कोई नौकरी मिल जाती है तो वह सोचता है–बस, यही सफलता है!

कॉल सेन्टर्स में हजारों युवक-युवतियां काम पर लगे और वहीं रुक गए। उसे ही उन्होंने अपनी मंजिल मान लिया और आगे के लिए सोचना बंद कर दिया। उन्होंने नए विचारों, नई योजनाओं का सृजन ही बंद कर दिया।

सावधान, जैसे ही नए विचारों का सृजन बंद, वैसे ही जीवन का विकास बंद।

ताजा उदाहरण सामने है। जैसे ही अमेरिका सरीखे धनी देश मंदी की चपेट में आए वैसे ही विदेशी कम्पनियों की बुनियाद हिल गईं और कॉल सेन्टर्स में काम करने वाले हजारों युवक-युवतियां बेरोजगार हो गए। वे आज भी वहीं खड़े हैं जहां से उन्होंने चलना शुरू किया था।

ऐसे युवाओं ने अच्छे दौर में और आगे जाने की कोई योजना नहीं बनाई थी। लेकिन कुछ ऐसे भी युवक उभरकर सामने आए जिन्होंने इस प्रकार की लुभावनी और सुविधायुक्त नौकरियों को अपनाया तो अवश्य, लेकिन महज ऊपर चढ़ने की एक सीढ़ी के रूप में। ये वे लोग थे, जिनके अपनी प्रगति को लेकर विचार ऊंचे थे, सकारात्मक थे और जो ठहरना पसंद नहीं करते थे। उन युवकों को मैंने ही नहीं आपने भी बहुत आगे जाते देखा होगा। वे हमारे आसपास ही हैं और पहले से बहुत बेहतर स्थिति में हैं। वे बहुतों के दिल में आशा के दिए जला रहे हैं।

बहरहाल, इस पुस्तक को लिखने का मेरा उद्देश्य यह नहीं है कि आज आप जो भी कार्य कर रहे हैं उसे बन्द कर दें बल्कि मैं यह कहना चाहता हूं कि थोड़ा बड़ा सोचें, कुछ और अच्छा पाने की व बनने की सोचें। समाज में कुछ अलग कर गुजरने की सोचें, अपने वर्तमान हालात को बेहतरीन बनाने की सोचें। मेरे कहने का तात्पर्य यह है कि कुछ ऐसा करने की सोचें जिसे करने के बाद आपको स्वयं पर गर्व महसूस होने लगे।

दोस्तों, मैं कहना चाहता हूं कि,

"विचार अगर निर्माणात्मक हों, सकारात्मक हों, तो आपको सफलता की ऊंचाई तक पहुंचा सकते हैं और यदि ठहरे हुए, थके हुए हों तो वे आपको पिछड़ेपन की गहरी खाई में धकेल सकते हैं।"

नकारात्मक व विध्वंसात्मक विचार आपके जीवन के ताने-बाने को झिंझोड़कर रख देते हैं। अतीत की बुरी घटनाओं को संजोए रखने की आपकी सोच आपके आगे बढ़ाने के सारे रास्ते रोक देती है। अतः अपने सभी विचारवान व प्रबुद्ध पाठकों से मेरी यही अपील है कि अपनी विचारशक्ति को समृद्ध बनाएं। अपने मस्तिष्क में ऊंचे व सकारात्मक विचारों को स्थान दें। ऊंचे विचार ही आपको ऊंचा उठाएंगे।

असमंजस व निराशा के दलदल में घिरे रहने से अच्छा है कि आप उस दलदल से निकलने की सोचें और अपनी परेशानियों तथा मुसीबतों का सूझबूझ से सामना करें।

---●---

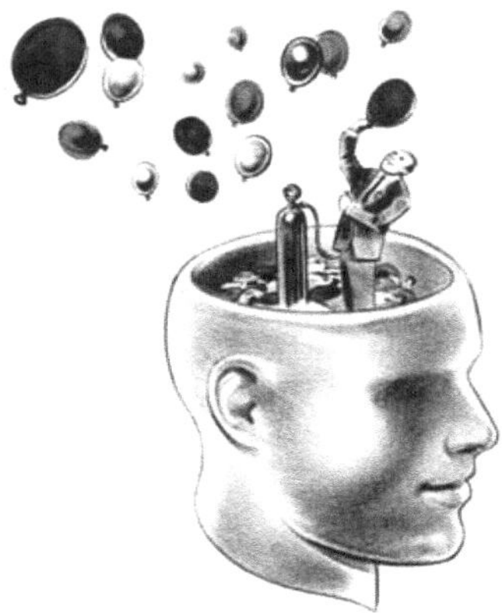

जानें ताकत भी, कमजोरी भी

✍ दोस्तों! विचारों से ही हम अपना संसार बनाते हैं और हमारे विचारों के अनुसार ही यह संसार हमें फल देता है।

एक पुराना किस्सा है–

किसी कम पढ़े–लिखे युवक को विरासत में एक जहाज मिल गया। उसे न तो समुद्र के बारे में कुछ ज्ञान था और न ही जहाज के बारे में। उसने मन में विचार किया कि वह समुद्र की यात्रा करेगा और अपने जहाज का कप्तान भी वह स्वयं ही होगा। एक दिन वह जहाज लेकर अपनी समुद्री यात्रा पर चल पड़ा। कप्तानी की जिम्मेदारी उसने स्वयं संभाल ली और सभी कर्मचारियों को भी इस आशय से अवगत करा दिया। जहाज पर पहुंचते ही उसने सभी कर्मचारियों को आदेश दिया कि वे अपना–अपना काम संभाल लें। कप्तानी का उसे कोई अनुभव नहीं था, इसलिए वह मन–ही–मन कुछ भयभीत भी था। जहाज समुद्र में बढ़ा चला जा रहा था। कप्तान महाशय जहाजियों के काम का

अवलोकन करते हुए डैक पर जा पहुंचे। वहां उन्होंने देखा कि एक व्यक्ति बहुत बड़े चक्र को कभी इधर, कभी उधर घुमा रहा है।

कप्तान ने जब उस विषय में पूछा तो उन्हें बताया गया कि जहाज की पतवार का चालक वही व्यक्ति है और यही जहाज को सही दिशा की ओर ले जाता है। कप्तान को कुछ समझ नहीं आया। वे बोले–"मुझे तो यहां पर इस आदमी की कोई जरूरत महसूस नहीं होती। जहाज के पाल ही जहाज को आगे ले जाने के लिए काफी हैं। पाल खोल दो और जहाज को अपने आप आगे बढ़ने दो।"

कप्तान की आज्ञा का पालन हुआ परन्तु उसके बाद जो दुर्घटना हुई और जो गिने–चुने लोग बचे, वे उस मूर्ख कप्तान को जीवन भर नहीं भूल पाए। क्या आपको याद है कि उस कप्तान ने क्या कहा था उसकी कही बात को दुबारा सुनिए, "पतवार चालक की कोई आवश्यकता नहीं है और जहाज को अपने आप चलने दिया जाए।"

अब जरा सोचिए कि क्या उस कप्तान की भांति आज हमने भी अपने जीवन को कहीं पतवारविहीन तो नहीं छोड़ रखा है। क्या हमने कभी अपने मन की पतवार को, अपने जीवन की पतवार को अपने हाथ में थामने का प्रयत्न किया है? क्या हमने कभी अपने मन को वश में करके उसे अपनी इच्छानुसार चलाने की कोशिश की है? क्या हमने कभी उसकी उच्छृंखलता पर कोई रोक लगाई है अथवा उसे यूं ही इधर–उधर भागने की खुली छूट दी हुई है? क्या हमारा मन क्रोध अथवा अन्य विकारों के वशीभूत होकर इधर–उधर नहीं भागता रहता?

हमेशा देखने में आया है कि हमारा बेकाबू मन हमें उस मार्ग से दूर ले जाता है, जिसे हमने बहुत सोच–विचार के बाद चुना था और जिसपर चलकर हमने अपने जीवन को संवारने का फैसला किया था? आखिर क्यों हम अपने मन पर काबू नहीं कर पाते?

इसका सीधा कारण यह है कि हमें अपनी स्थितियों और क्षमताओं का ठीक-ठाक ज्ञान नहीं है। जहाज के कप्तान की तरह ही हम भी नासमझी से फैसले करते हैं। जिस काम को हम करना नहीं जानते या उसके बारे में पूरी जानकारी नहीं रखते, उसपर भी अपनी नादानी का हुक्म चलाते हैं।

जब तक हम परिस्थितियों के साथ तालमेल बनाने लायक नहीं बनते, तब तक हालात हमारे नियंत्रण में नहीं रहते। जैसे ही हालात हमारे नियंत्रण में आते हैं, हमारी सफलता की यात्रा आरंभ हो जाती है।

याद रखें:

"सफलता का जहाज वर्तमान परिस्थितियों को भांपकर, उनके आधार पर दिशा का निधारिण करके परिश्रम व सावधानी के प्रयोग से ही मंजिल पर पहुंच सकता है।"

---●---

दुनिया के सभी सफल लोग हमेशा एक शिल्पकार की भांति अपने विचारों को अपनी सूझबूझ व परिश्रम की छेनी से तराशते रहते हैं।

—सूर्या सिन्हा

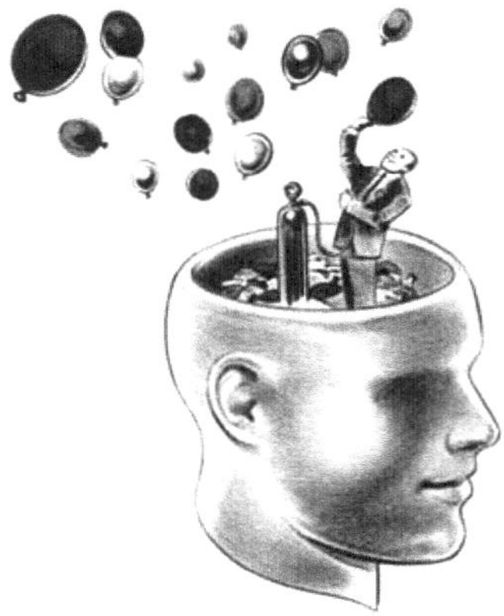

अपने विचारों पर नियंत्रण

✍ जिस व्यक्ति के पास जीवन में सुख-समृद्धि, शान्ति एवं आनंद होता है, उसके पास अभाव व संकट नहीं फटकते। दूसरों के लिए वह प्रेरणा का ऐसा दीपक होता है, जिसके प्रकाश में सब आलोकित होना चाहते है। अगर आप भी सुख-समृद्धि, शान्ति एवं सफलता चाहते हैं तो सबसे पहले आपको अपने विचारों को नियन्त्रित करने के उपायों पर विचार करना होगा।

अधिकांश लोग यही सोचते हैं कि मन की प्रवृत्तियों पर रोक लगाना कठिन है। वे समझते हैं कि विचारों का विश्लेषण करना समय व्यर्थ करना है। यह सोच गलत है। भले ही कोई व्यक्ति कितना भी अबोध हो, कितना भी असंस्कृत हो, कितना भी अल्पशिक्षित हो, इतना सामर्थ्य उसमें अवश्य होता है कि वह अपने विचारों को जान सकें, अपने विचारों को समझ सकें, उनका विश्लेषण कर सके और फिर उनके अनुरूप अपने स्वभाव, अपने क्रिया-कलाप, अपने चरित्र और अपने जीवन में परिवर्तन ला सके।

जिस प्रकार, हर व्यक्ति की समस्याएं दूसरे व्यक्ति से भिन्न होती हैं, जिन्हें उसे स्वयं सुलझाना होता है, उसी प्रकार हर व्यक्ति का लक्ष्य भी भिन्न होता है। लेकिन विचारों को सुधारने और उन्हें अपने लक्ष्य के अनुकूल बनाने की प्रक्रिया सभी के लिए एक जैसी होती है।

जो व्यक्ति अपने विचारों को अपने वश में नहीं कर सकता, जो पुराने विचारों को छोड़कर नए विचारों का सृजन नहीं कर सकता, जो अपनी प्रवृत्तियों एवं क्रिया-कलापों को नहीं बदल सकता, वो यह भी नहीं जान सकता कि सौन्दर्य, सफलता व प्रसन्नता का सृजन कैसे होता है, असल में उसके मन की लगाम उसके हाथ में नहीं होती। ऐसा व्यक्ति 'जो हो गया सो ठीक है' वाली मानसिकता में जीता है।

याद रहे:

जो हो गया, वह ठीक नहीं है। ठीक वह है, जो होना चाहिए।

यदि एक मूर्तिकार पत्थर पर बिना सोचे-समझे छैनी की चोट करता रहे और सोचे कि जो हो रहा है, वो ठीक है तो आप कल्पना कर सकते हैं कि परिणामस्वरूप हमें कैसी बेढंगी मूर्ति देखने को मिलेगी। सही शिल्पकार का पूरा ध्यान अपने लक्ष्य के छोटे-से-छोटे बिन्दु तथा छोटी-से-छोटी रेखा की ओर रहता है और उसका प्रयास सदा यही रहता है कि उसकी छैनी की हर चोट उसके सपने को साकार करने वाली हो। अपने अन्तकरण में उसने मूर्ति का जो रूप देखा होता है, छैनी की हर चोट पत्थर को उसी रूप में ढालती जाती है और उसी का यह परिणाम होता है कि मूर्तिकार ठीक वैसी ही मूर्ति बना देता है, जिसकी उसने कभी कल्पना की थी। दूसरे शब्दों में, वह अपने सपनों को साकार कर दिखाता है। लेकिन ऐसा तभी संभव हो पाता है, जब मूर्ति निर्माण करते समय उसकी

दृष्टि तनिक भी इधर-उधर न भटके तथा उसका ध्यान पूर्णतया एकाग्र रहे। तभी उसके विचारों के अनुरूप मूर्ति बन पाती है।

जीवन भी किसी मूर्ति की सुन्दर हो, इसके लिए जरूरी है कि आप सकारात्मक विचारों की छैनी और सूझबूझ के हथौड़े से एकाग्र होकर उसे निरन्तर तराशते रहें।

अपने विचारों और चरित्र में सुधार के लिए आपको भी मूर्तिकार की तरह प्रयत्न करना होगा, काट-छांट करनी होगी, स्पष्ट निर्णय लेना होगा कि आप क्या करना चाहते हैं और कैसे उसे कर सकते हैं? उसके बाद अपने लक्ष्य की पूर्ति के लिए, अपनी कल्पना को साक्षात एवं मूर्त्त रूप देने के लिए सूझबूझ से कठोर परिश्रम एवं प्रयत्न करने होंगे तभी आप कुछ श्रेष्ठ हासिल कर सकते हैं और तभी आपका जीवन सुन्दर बन सकता है। इसके लिए यह सुनहरा सूत्र याद रखें-

आपका प्रत्येक विचार केवल आपकी ही नहीं, बल्कि औरों की भलाई के लिए भी हो, तभी आप दृढ़ इच्छाशक्ति से अपनी कार्यशक्ति को नियोजित करके अपनी कल्पना के अनुरूप सफलता प्राप्त कर सकते हैं।

उपरोक्त सूत्र को अपनाने के साथ-साथ थोड़ी सावधानी बरतनी भी जरूरी है।

उसकी वजह यह है कि आप चाहे जितनी भी सच्चाई और ईमानदारी से अपने विचारों को नियन्त्रित करें, लेकिन आपकी पुरानी आदतें और आपके विचार करने की पुरानी शैली आपके चित्त की एकाग्रता को अवश्य विचलित करेगी। लेकिन आपको विचलित नहीं

होना है और इस तथ्य को हमेशा ध्यान में रखना है कि जिसके विचार ही अपने वश में नहीं, वह अपने आदर्श के अनुरूप क्या कार्य करेगा? अगर आप ऐसा कर पाए, जिसकी मुझे पूरी उम्मीद है कि आप करेंगे तो आप अपने आदर्श या लक्ष्य तक अवश्य पहुंच जाएंगे।

मैंने कहीं पढ़ा था–

"यदि माता-पिता अपने बच्चों को आदेश देने के बजाय उन्हें अपने विचारों पर नियन्त्रण करने की विधि सिखा दें तो इससे नई पीढ़ी को सुमार्ग पर चलाने का काम तथा उसे सफल मनुष्य बनाने का काम बहुत सरल हो जाएगा। यदि बच्चों को सिखा दिया जाए कि वह किस प्रकार श्रेष्ठ विचारों को अपने मन में स्थान दें तथा बुरे विचारों को अपने से दूर भगाएं और उन्हें इस प्रकार का प्रशिक्षण दिया जाए कि कैसे वे अपने मन पर नियंत्रण कर सके तो बच्चों पर हुक्म चलाने अथवा उन्हें आदेश न मानने पर दण्ड देने की कोई आवश्यकता नहीं रह जाएगी। तब बच्चों का हृदय निर्मल होगा, उनका व्यवहार सच्चाई से परिपूर्ण होगा, उनमें किसी प्रकार की हीनभावना नहीं होगी और न ही उन्हें कुछ छिपाने की आवश्यकता रह जाएगी।"

यही कथन हम बड़ों पर भी लागू होता है। भूलिए मत, मन को वश में करने का दूसरा नाम ही आत्मसंयम है। जिसने अपने मन को अपने वश में कर लिया, जिसने अपने मन को संवार लिया, समझो कि उसने अपने जीवन को संवार लिया। ऐसे व्यक्ति को अपने उद्देश्य की सफलता में जरा भी संदेह नहीं रखना चाहिए। सफलता उसके पग चूमने को तत्पर खड़ी है।

याद रखें:

''जो लोग इस दुनिया में आगे निकलते हैं, वे ऐसे लोग हैं जो अपनी मनचाही परिस्थितियों की तलाश करते हैं और अगर उन्हें वैसी परिस्थितियां नहीं मिलती हैं तो वे उन परिस्थितियों को भी अपने सकारात्मक विचारों की शक्ति से अपने अनुकूल बना लेते हैं।''

---●---

यदि आप सफल होना चाहते हैं तो अपने विचारों को आज के विचारों व जरूरतों के हिसाब से बदलिए। विचारों को अपडेट कीजिए। उनमें सकारात्मकता लाइए, यही है सफलता और समृद्धि का रहस्य।

–सूर्या सिन्हा

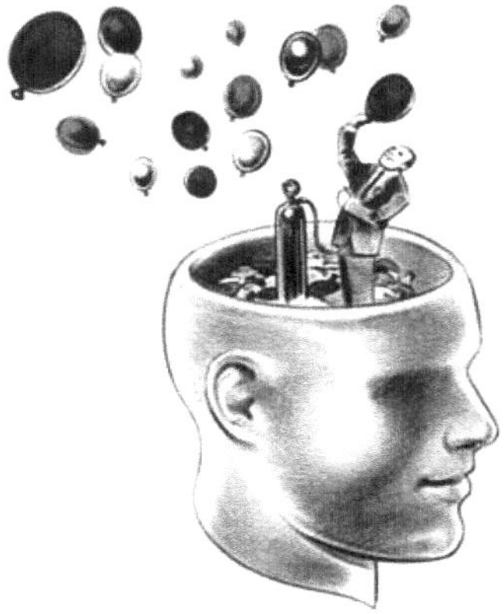

विचारों को बदलें सफलता पाएं

✍ देखा गया है कि किसी भी व्यक्ति को कभी भी तुरंत सफलता नहीं मिलती। एक लम्बी प्रक्रिया के बाद ही किसी को सफलता हासिल होती है। साथ ही इसके लिए धैर्य, सूझबूझ के साथ कठिन परिश्रम व लम्बी साधना बेहद आवश्यक है। इन तीनों गुणों के साथ प्रयास वही कर सकते हैं जिनकी सोच सकारात्मक हो। किन्तु जितना आसान यह कहना है कि विचारों और सोच को सकारात्मक बनाएं। अपनी सोच और विचारों को सकारात्मक बनाना उतना सहज नहीं बल्कि थोड़ा कठिन है। कारण यह है कि ऐसा करने के लिए इसमें परिवर्तन को स्वीकारना पड़ता है और परिवर्तन सदा सबको स्वीकार नहीं होता।

विचारों में परिवर्तन करने के लिए व्यक्ति को अपनी कुछ मूलभूत आदतों व स्वभाव की कुछ विसंगतियों को छोड़ना पड़ता है। क्या हम इसके लिए तैयार हैं? पर उससे भी पहले यह जानना जरूरी है कि क्या

होता है परिवर्तन?

कम शब्दों में, इसे इस प्रकार कहा जा सकता है कि- उसकी मृत्यु और नवीनता का जन्म, यही परिवर्तन है। यानि परिवर्तन दूसरा जन्म लेने के समान ही है।

जिस प्रकार आज दिनों-दिन व्यक्ति की महत्वाकांक्षाएं बढ़ती जा रही हैं, जिस प्रकार आज की आवश्यकताएं व्यक्ति को लगातार कुछ नया और कुछ हटकर करने की चुनौती दे रही हैं, उसी प्रकार समय की मांग के अनुसार व्यक्ति को अपने विचारों को भी बदलना होगा। पुराने और थके हुए विचार आपको कुछ नया नहीं दे पाएंगे। विचारों को बदलने का मतलब है- विचारों में क्रान्तिकारी परिवर्तन लाना। एक नई सोच और नए चिन्तन को जन्म देना।

किसी ने कितना सही कहा है–

“परिवर्तन ही सृष्टि एवं जीवन है लेकिन स्थिर होना मृत्यु है।”

सोच में परिवर्तन करना कठिन लग सकता है, किन्तु यह असंभ्व नहीं है। बस इतनी सी शर्त है कि हम स्वयं परिवर्तन के लिए पहल करें तथा इस बदलाव के लिए भीतर से हमारी रजामंदी भी हो।

आज के चलन को देखें तो युवाओं को तो इस बात का पता ही नहीं होता कि उनकी सोच में सुधार या बदलाव की आवश्यकता भी है। वे तो इसी मुगालते में जीवन खत्म कर लेते हैं कि वे जैसा सोचते हैं, वही सही है। इस सोच से कभी भी आत्मविकास नहीं हो सकता। अपने आपको सदा सबसे उत्तम एवं श्रेष्ठ मानना एक बड़ी ग़लतफहमी है।

अपने आपको उत्तम और श्रेष्ठ मानने की इसी गलतफहमी के कारण व्यक्ति अपनी सोच को नहीं बदल पाता। आज माहौल तेजी से

बदल रहा है। नित नए प्रयोग हो रहे हैं, रोज परिस्थिति बन और बिगड़ रही है, ऐसे में यदि आप समयानुसार अपनी सोच में, अपने विचारों में परिवर्तन नहीं करेंगे तो जीवनभर पिछड़े ही रहेंगे। इसे इस प्रकार समझें कि समय-समय पर यदि किसी मजबूत भवन की मरम्मत न करायी जाए, कलई न करायी जाए, ढ़ंग से देखभाल न की जाए तो वह भी धीरे-धीरे खंडहर बनने लगता है। इसी प्रकार यदि समयानुसार विचारों में परिवर्तन न किया जाए, सोच को सकारात्मक न बनाया जाए तो व्यक्ति भी गर्त में चला जाता है।

परिश्रम से जी चुराना, हर काम को कठिन मान लेना, छोटी सी असफलता से निराश हो जाना, निष्पक्ष भाव से अपना मूल्यांकन न करना या स्वयं को ज्यादा करके आंकना, दूसरों के सुझावों और आलोचनाओं की अनदेखी करना तथा अपने अहम के शिकार होकर बस अपनी ही धुन में मगन रहना -असफल लोगों के खास लक्षण हैं। इस तरह का व्यवहार यही दर्शाता है कि हमने अपने मस्तिष्क में सुविचारों के प्रवेश पर पाबंदी लगा रखी है। ऐसा व्यक्ति किसी भी क्षेत्र में, किसी भी रोजगार में, यहां तक कि पारिवारिक उत्तरदायित्वों में भी सफल नहीं हो सकता।

कुछ लोग कहते हैं कि यदि सोच सही है तो उसमें बदलाव की भला क्या जरूरत है? पर देखा गया है कि सभी लोग अपनी सोच को सही मानते हैं, चाहे वे कितना भी गलत क्यों न हों। हमारी सोच कितनी सही और श्रेष्ठ है, इसका पता लगाने के बहुत ही उन्नत तरीके हैं और बड़ी आसानी से उनसे यह पता लगाया जा सकता है कि हमारी सोच कितनी सही है और कितनी गलत। आप अपना आकलंन स्वयं करें और ईमानदारी से फैसला करें। इसका उत्तर आपको स्वयं मिल जाएगा।

---●---

कभी भी अपनी आंतरिक शक्ति को कम ना आंकें। जितना आप खुद को जानते हैं, उससे कहीं गुना अधिक शक्तियां, सामर्थ्य और योग्यताएं आपके अंदर छिपी हुई हैं जिनके विषय में आपने आज तक जाना ही नहीं।

—सूर्या सिन्हा

अपनी शक्तियों और योग्यताओं को पहचानें

✍ हम मनुष्य बेशक स्वयं को प्रकृति का सबसे बड़ा वरदान मानते और ऐसा कहलाए जाते हों। 'देवता भी मनुष्य योनि में आने को तरसते हैं'—ऐसी सोच व भावना से बेशक फूले न समाते हों, पर—

क्या हम अपनी आंतरिक शक्तियों को जानते-समझते हैं?

क्या हम जानते हैं कि हमारे होने का क्या अर्थ है?

जवाब मिलेगा, शायद नहीं!

आप अपने चारों ओर नज़र दौड़ाएंगे तो पाएंगे कि आज अधिकांश युवक-युवतियां निराशा के गर्त में डूबे हुए हैं। इसका सबसे प्रमुख कारण यही है कि वे अपनी आंतरिक शक्ति से अनजान हैं। इसी कारण उन्होंने अपने मन में घोर निराशा पाली हुई है। वे किसी व्यक्ति की थोड़ी-सी दौलत, थोड़े से वैभव, पद और प्रतिष्ठा को देखकर यह अनुमान लगाने लगते हैं कि अमुक व्यक्ति तो भाग्य का बेहद धनी

है। वे सोच में पड़ जाते हैं कि वह व्यक्ति इतना सफल कैसे है? वे सफल व्यक्ति के साथ लगातार अपनी तुलना करके खुद को निराशा में डुबो लेते हैं। दरअसल यही उनका अज्ञान है। उन्हें पता ही नहीं है कि उनमें भी ऐसी अनेक शक्तियां, सामर्थ्य और योग्यताएं हैं, जिनके सही समय पर इस्तेमाल से वे उस सफल आदमी से भी कई गुना अधिक सफल बन सकते हैं। उससे कई गुणा अधिक पा सकते हैं, लेकिन उन्हें न तो अपनी शक्ति का आभास है और न ही अपनी योग्यता का ज्ञान है। इसी अज्ञान के कारण उनकी शक्तियां पहले क्षण व अंततः व्यर्थ हो जाती हैं। वे अपनी असीम शक्तियों का उचित तरीके से प्रयोग तक नहीं कर पाते और अपने आपको असफल समझकर हताश होकर बैठ जाते हैं। यह अपने प्रति किया जानेवाला अत्याचार है और इस अत्याचार से मुक्त होने के लिए आपको जागना होगा। जागकर स्वयं को और अपनी शक्तियों को जानना होगा।

जब मैं निराशा के दौर से गुजर रहा था तो मैं 10 दिवसीय ध्यान साधना शिविर (विपासना) के लिए गया और 10 दिनों तक ध्यान साधना के द्वारा स्वयं को जानने का प्रयास करता रहा, तो वहीं मुझे पता चला कि–

''जो अपने स्वयं के भीतर जागता है, वह पाता है कि वहां तो कोई अभाव ही नहीं है। वहां तो स्वयं परमात्मा हैं। अभाव स्वयं में नहीं, स्वयं के प्रति मूर्च्छा में है। मैं सोया हूं- यही है अभाव। मैं जाग जाऊं तो अभाव वैसे ही भाग जाएगा जैसे सूर्य उदय होने पर अंधकार भाग जाता है।''

इसलिए दोस्तों! जागो और अपनी क्षमताओं और अपनी योग्यताओं को जानों।

शक्ति और योग्यता के बाद एक और तीसरा पहलू भी गौरतलब है और वह है–विश्वास।

जिन्हें न ही अपने आप पर विश्वास है और न ही उस सर्वशक्तिमान परमेश्वर पर जिसने सृष्टि की रचना की है। इसलिए वे स्वयं को अयोग्य, तुच्छ, अभागा और असफल मान बैठते हैं।

गौर से देखें तो उनकी इस स्थिति के पीछे सीधे-सीधे उनकी सोच ही जिम्मेदार है। दूसरे शब्दों में कहें तो उन्होंने अपने मन में नकारात्मक विचारों को स्थान दिया हुआ है, जबकि सफलता के लिए मन में सकारात्मक विचार, आशा, प्रसन्नता और उल्लास का होना जरूरी है।

यह जान लें कि यह प्रकृति का बहुत बड़ा रहस्य है कि सकारात्मकता, आशा, उल्लास और प्रसन्नता से पूर्ण मन की ओर ही सफलता और समृद्धि आकृष्ट होते हैं। जिसके मन में संदेह हैं, जिनमें आत्मविश्वास की कमी है और जो अशुभ की आशंका से घिरे रहते हैं, ऐसे व्यक्ति कभी सफल व संतुष्ट नहीं हो सकते।

याद रहे:

प्रकृति भी नकारात्मक विचारों के कुएं में गिरे लोगों का साथ नहीं देती।

इसलिए बुद्धिमान वही है जो अपनी आन्तरिक शक्ति, योग्यता और विश्वास को पहचान लेता है और उनके सही इस्तेमाल से अपने जीवन को आनंद से भर लेता है।

आज के युग में अगर कोई व्यक्ति कोई रूतबा या पद हासिल करता है तो वह केवल किताबी पढ़ाई के बल पर हासिल करता है। किताबी योग्यता के बल पर ही, कोई क्लर्क होता है तो कोई मैनेजर, कोई अध्यापक

होता है तो कोई डॉक्टर, लेकिन जो व्यक्ति स्वयं को पढ़ता है, स्वयं का अध्ययन कर लेता है, स्वयं को जान लेता है और साथ ही किताबी शिक्षा भी पा लेता है, तो वो किसी एक तगमे या अलंकार से नहीं पहचाना जाता, किसी एक प्लेटफार्म पर नहीं रुकता। अपनी शक्ति, योग्यता और आत्मविश्वास को ठीक-ठीक पहचान लेने वाला व्यक्ति ही समाज में सर्वोच्च स्थान को प्राप्त करता है क्योंकि उसकी समस्त शक्तियाँ जाग्रत हो चुकी होती हैं। फिर वह चाहे व्यवसाय का क्षेत्र हो या आध्यात्मिक।

ऐसे ही लोग बन जाते हैं – धीरूभाई अंबानी।

ऐसे ही लोग बन जाते हैं – लक्ष्मी निवास मित्तल, करसन भाई पटेल, जमशेद जी टाटा, जुगलापत-कमलापत, बिड़ला, अजीम प्रेमजी और मुंजाल। बहुत नाम हैं ऐसे भारत के प्राचीन और नवीन इतिहास में।

हो सकता है अगला नाम आपका हो, इसलिए आप अपनी शक्ति और योग्यता को पहचानें। कोल्हू के बैल की तरह एक दायरा बनाकर उसी में न घूमते रहें। एक खुला आकाश चुनें और उसमें भरें एक लम्बी ऊँची उड़ान।

---●---

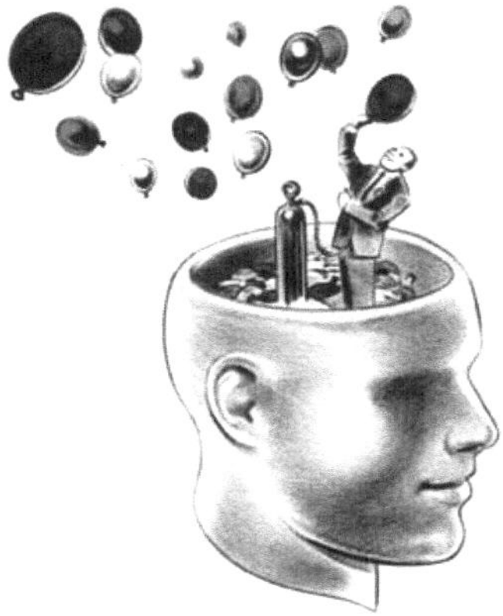

जुनूनी बनें और जूझें

''भाग्य की कल्पना बेवकूफ लोग किया करते हैं और भाग्य भरोसे रहकर वे अपना जीवन नष्ट कर लेते हैं, जुनूनी और जूझने वाले लोग तो अपना भाग्य स्वयं लिखते हैं।''

✍ हमने यह जान लिया है कि सफलता के लिए अपनी आंतरिक शक्तियों और योग्यता का ज्ञान बहुत जरूरी है। फिर परमात्मा पर यह विश्वास कि विजय हमारी ही होगी, उसकी एक मजबूत कड़ी है। अब इस अध्याय में कुछ और बातें जो साफ-साफ कहने और समझने योग्य हैं।

यदि आप जीवन में सफल होना चाहते हैं तो आपको लक्ष्य तय करना होगा। उसके बाद जूझना होगा – पहले स्वयं से, फिर लक्ष्य के मार्ग में आने वाली बाधाओं से। इसके साथ, इतने ही बड़े अनुपात में,

सफलता पाने का जुनून भी आपको अपने अंदर पैदा करना होगा। आपमें से कुछ लोग यह सवाल कर सकते हैं कि क्या सफलता का कोई शार्टकट नहीं है?

यदि आप सफलता तो चाहते हैं, परन्तु आसानी से, सहजता से, बिना जूझे, बिना लड़े और बहुत जल्दी तो बेशक आप बुरा मानें, पर मैं आपको साफ कहना चाहता हूं कि इस सोच से आपको जीवन में कुछ भी हासिल नहीं होगा। आपका जीवन जैसा अब है, उससे बेहतर होना तो भूल जाइए, आने वाले समय में बदतर ही होता जाएगा। संसार में ऐसा कोई नियम नहीं है कि आप कुछ पाना चाहें और बिना प्रयत्न किए वह वस्तु आपको प्राप्त हो जाए या बिना कोई मूल्य चुकाए आप उसे पा लें। आपको सफलता प्राप्त करने के लिए संघर्ष और प्रयत्न तो करना ही पड़ेगा। कहते हैं न कि हाथ-पांव तो हिलाने ही पड़ेंगे।

इस संसार में सुख-समृद्धि सफलता से मिलती है और सफलता किसी के द्वारा किसी को उपहार में दी जाने वाली कोई वस्तु नहीं है इसलिए आपकी सफलता आपके प्रयत्न, आपकी मेहनत, आपके व्यवहार और आपके व्यक्तित्व पर निर्भर करती है।

यदि आप सकारात्मक सोच के साथ लक्ष्य साधकर, सूझबूझ से लगातार प्रयत्न करेंगे तो निश्चय ही आपको सफलता प्राप्त होगी। ऐसा बहुत से सफल लोगों ने सिद्ध भी किया है और वे मिसालें हमारे आसपास ही बिखरी पड़ी हैं।

जुनून से जय मिलती है और इस जय का स्वाद अलग व गहरा होता है।

---●---

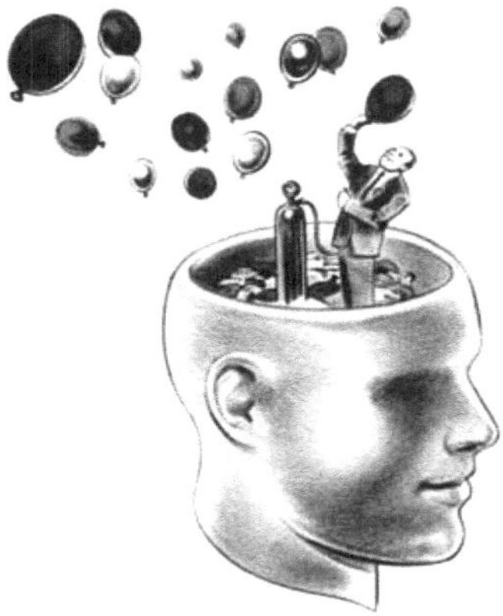

तुरंत फल कभी नहीं

✍ प्रयास, परिश्रम और विश्वास की नींव पर सफलता का महल खड़ा हो सकता है, इसमें कोई दो राय नहीं। पर कुछ लोग इसके बावजूद निराशा के भंवर में फंसकर आनेवाले उपहारों को गंवा देते हैं क्यों? फिर संसार ऐसे 'होनहार पर असफल लोगों' को नकारात्मक विचार प्रकट करने के लिए उदाहरण बना लेता है। ऐसा क्यों होता है?

दोस्तों, मैं ऐसे बहुत से लोगों को देख चुका हूं जो परिश्रम के साथ प्रयत्न करते हैं और फौरन ही मनोवांछित फल की कामना करने लगते हैं। पर जब शीघ्र ही उन्हें कोई बड़ा परिणाम नहीं मिलता तो वे निराश हो जाते हैं, वे सब्र करना नहीं जानते। तुरंत फल चाहते हैं।

ऐसे लोग गुस्से के नहीं, दया के पात्र हैं। दरअसल ऐसे लोगों को प्रकृति से सीखना चाहिए। कोई भी बीज घंटे-दो घंटे या दो-चार सप्ताह में वृक्ष नहीं बन जाता। किसी-किसी वृक्ष को फल देने लायक बनने में वर्षों लग जाते हैं। जरा सोचिए कि वह जो परमसत्ता है, जिसके इशारे मात्र से हवाएं चलती-रुकती हैं, जो कुछ भी करने का सामर्थ्य रखती

है, क्या वो पलक झपकते ही किसी बीज को वृक्ष नहीं बना सकती? निश्चित ही, बना सकती है, लेकिन नहीं बनाती, क्योंकि यह धैर्य के नियम के विरुद्ध और अव्यवस्था के पक्ष में है।

संसार में बहुत से कौतुक विराट सत्ता यानी परमात्मा ने इसलिए किए हैं कि लोग उन्हें देखें और जीवन के सबक लें। प्रकृति की प्रत्येक लीला हमें धैर्य का संदेश देती है। बीज बोओ, धैर्य से उसका पोषण करो, फिर एक बीज के बदले हजारों फल पाओ। इस प्रकार धैर्य रखकर जो सफलता मिलती है, वह दीर्घकालिक और स्थाई होती है। संघर्ष के बाद सफलता का आनन्द ही कुछ और होता है, यह सदियों से चला आ रहा है।

आप भी इससे सहमत होंगे कि पकी-पकाई खाने में इतना आनन्द नहीं आता, जितना आनन्द तब आता है, जब आप स्वयं पकाकर खाते हैं। तब आपका रोम-रोम यह सोचकर पुलकित होता है कि यह सब आपकी मेहनत, आपके धैर्य और आपकी सूझबूझ का परिणाम है।

याद रखिए:

आपको अपनी मेहनत के अनुरूप ही फल की प्राप्ति होती है। आपका लक्ष्य छोटा है, तो आपको फल भी छोटा ही प्राप्त होगा।

बेर का बीज बोकर तरबूज नहीं पाए जा सकते। इसलिए सकारात्मक सोच के साथ अपना लक्ष्य तो ऊंचा रखिए ही और धैर्य को अपने विशेष गुणों में शामिल कर लीजिए। धैर्य की डाल पर जो परिश्रम कर फल उगेगा, वह बेहद स्वादिष्ट और आनंद देने वाला होगा।

---●---

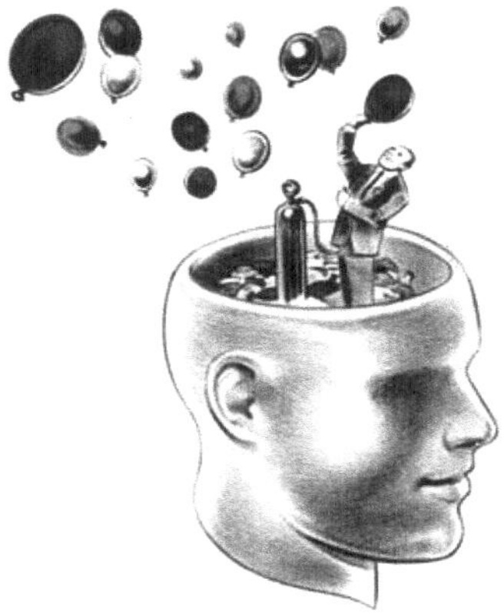

जैसा बीज वैसी फसल

✍ बहुत से लोग सफलता को भाग्य से संबंधित मानते हैं और हस्तरेखाओं को देखते-दिखाते रहते हैं, जबकि आज के इस वैज्ञानिक युग में सफलता का सीधा संबंध परिश्रम, प्रयत्नों और सूझबूझ से है।

पुरुषार्थियों को सफलता प्राप्त होती है जबकि निकम्मे भाग्य का रोना रोते हैं।

यदि आपके मन में सफलता का बीज रूपी विचार है, तो उसे अपने परिश्रम से सींचिए, उसमें अपनी सूझबूझ की खाद दीजिए और तब धैर्य रखकर आप पाएंगे कि वह बढ़ते-बढ़ते एक दिन एक फलदार वृक्ष बन जाएगा।

आज जो लोग सफल हैं, उनके पास सबसे पहले छोटी सी एक पूंजी थी–एक विचार सफलता का। कोई धन नहीं, न कोई साधन। उनके पास अगर कुछ था तो वो सिर्फ एक विचार भर था। विचार था उन्नति का, ऊंचा उठने का। बाद में अपने उस विचार को उन्होंने सींचा, अपने विचार को मूर्त रूप देने के लिए उन्होंने दिन–रात परिश्रम किया, आवश्यकतानुसार साधन जुटाए, सूझ–बूझ से उसे पाला पोसा। दिन–रात एक कर दिया और परिणाम सफलता के एक महावृक्ष के रूप में सामने आया। इस संदर्भ में उद्योगपुरुष श्री धीरूभाई अम्बानी का उदाहरण लिया जा सकता है। जिन दिनों वे खाड़ी के एक देश में एक पेट्रोल पम्प पर नौकरी करते थे, तब उनके मन में विचार आया कि वे भी 'शैल' जैसी अपनी एक कम्पनी बनाएंगें और अपने इस विचार को अमली जमा पहनाने के लिए, अपने इस सपने को पूरा करने के लिए उन्होंने भरत लौटकर 'रिलायन्स' की स्थापना की और आज उनका वो विचार उनकी सूझबूझ से, उनकी मेहनत और लगन से, उनके प्रयत्नों से एक महावृक्ष बन चुका है।

ऐसे एक नहीं, हजारों सफल उदाहरण देश–विदेश में जगमगा रहे हैं।

धीरूभाई अम्बानी ने हिन्दुस्तान के युवाओं को एक नई सोच और एक नई दिशा दी जो उनसे पहले किसी की दृष्टि में नहीं थी। उनके कथन का तेज देखिए –

> ***बड़ी बातें सोचो, तेज सोचो, दूसरों से पहले सोचो। विचारों पर किसी का एकाधिकार नहीं है।***

वैचारिक क्रांति की ऐसी अग्नि इस विचार में है कि इसे सफल होने से रोकना मुश्किल है। आप भी अपने मन में विचार कीजिए,

सोचिए, तेजी से सोचिए, उसकी गहराई में उतरिए और सोचिए कि आप किस प्रकार का काम कर सकते हैं। आपकी दिलचस्पी किस काम में है तथा आपमें किस काम को करने की योग्यता है, आपको दोनों के मिलान बिन्दु पर पहुंचना है।

एक बार निश्चय करने के बाद उस काम में जुट जाइए। उस कार्य से संबंधित सभी क्रियाएं पूरी कीजिए। मार्ग में आने वाली सभी बाधाएं और रूकावटें दूर कर दीजिए। उस कार्य से संबंधित साधन जुटाने में कोई भी कसर न रखिए। अपने विचार रूपी बीज को वृक्ष बना देना ही आपकी सफलता है।

आज निरमा डिटर्जेन्ट पाउडर घर-घर में प्रयोग होता है। इससे पहले अधिकांश घरों में साबुन प्रयोग होता था। 'सर्फ' के नाम से जो डिटर्जेन्ट मार्केट में बिकता था, वह महंगा था। करसन भाई पटेल के मन में विचार आया कि वे ऐसा डिटर्जेन्ट पाउडर बनाएं जो सस्ता हो और घर-घर में प्रयोग हो सके, ताकि गृहणियों को साबुन घिसने से छुटकारा मिल सके। उस समय वे एक सरकारी प्रयोगशाला में तकनीशियन का कार्य किया करते थे। रात को वे अपने घर के पिछवाड़े में डिटर्जेन्ट पाउडर बनाने का प्रयोग करते। अपने इस कार्य की शुरूआत उन्होंने मात्र एक हजार रूपये से की थी और यह छोटी-सी पूंजी भी उन्होंने अपने मित्रों एवं संबंधियों से उधार ली थी। लगभग तीन साल तक यही सिलसिला चलता रहा। वे आफिस से आते और अपने कार्य में जुट जाते। 'वन मैन आर्मी' की तरह वे यह कार्य करते थे। पूरे सप्ताह भर में जितना डिटर्जेन्ट बनता, उसे वे रविवार के दिन साइकिल पर रखकर बेचने निकलते और गली-गली घूमते। डिटर्जेन्ट में उनका अपना एक दृढ़ विश्वास था जिसकी वजह से उन्होंने यह फार्मूला दिया था कि उनका प्रोडक्ट पसंद न आए तो पैसे वापस। यह उनके आत्मविश्वास, लगन, सूझबूझ और कठोर परिश्रम का ही नतीजा था कि उनका 'निरमा'

हाथों–हाथ बिकने लगा। इस प्रकार करसन भाई पटेल ने अपनी मेहनत, लगन और सूझबूझ से अपने सस्ते डिटर्जेन्ट पाउडर के विचार को अमली जामा पहनाया।

इसी प्रार के कई उदाहरण हैं जिनमें अजीम प्रेमजी, नारायण मूर्ति, आदि प्रमुख हैं। आइए देखें इन सफल लोगों की सफलता में इनके सकारात्मक विचारों की क्या भूमिका रही–

'इन्फोसिस' आज विश्व विख्यात कम्पनी है और टेक्नालॉजी के क्षेत्र में किसी परिचय की मोहताज नहीं है। इसके संस्थापक हैं– श्री नारायण मूर्ति। किसी समय नारायण मूर्ति भी एक आम युवक की भांति ही जीते थे परिवार मध्यमवर्गीय था और पिता एक स्कूल में अध्यापक थे। मैसूर में इंजीनियरिंग की शिक्षा लेने के बाद कुछ वर्षों तक नारायण पटनी कम्प्यूटर्स में काम करते रहे। वही एक साधारण आम युवक जैसी जिन्दगी। लेकिन 1970 के दशक में एक दिन उनके मन में विचार आया कि वे अपना व्यवसाय शुरू करें। नौकरी छोड़कर अपना व्यवसाय करने का विचार और वह भी उस हालत में जबकि घर की आर्थिक स्थिति भी बहुत अधिक सुदृढ़ नहीं थी। यह विचार बेहद जोखिम भरा था क्योंकि नौकरी में तनख्वाह की गारंटी होती है, लेकिन अपने व्यवसाय में एक तो पैसा चाहिए होता है और दूसरे सफलता मिले या न मिले वाला जोखिम। लेकिन नारायण मूर्ति का संकल्प दृढ़ था। अतः उन्होंने प्रयास किया और एक छोटे से कमरे में 'इन्फोसिस टेक्नोलॉजी' नामक कम्पनी का जन्म हुआ।

बस अब वही कमरा नारायण मूर्ति का मंदिर था। वे रोजना 12–12 घंटे कड़ी मेहनत करते। वह अपने विचार को मूर्तिरूप देने के लिए अपने काम के प्रति इस कदर समर्पित हुए कि उनके लिए मित्रों की पार्टियां और दूसरे मनोरंजन सब समाप्त हो गए। उनका एक ही लक्ष्य था– सफलता, सफलता और सफलता। और अन्ततः उन्होंने सफलता पाकर

ही छोड़ी। आज 'इन्फोसिस' दुनिया की नामचीन कम्पनियों में शुमार होती है जिसका साख कायम है। अपने इसी विचार के चलते नारायण मूर्ति आज हजारों करोड़ों रूपये की व्यक्तिगत सम्पति के स्वामी हैं। कामयाबी की बुलान्दियों को छूने के बाद भी उनका जीवन इतना सादा और सरल था कि वे अपने कर्मचारियों के साथ ही कैंटिन

में भोजन किया करते थे। आज हालांकि वे 'इन्फोसिस' से रिटायर हो चुके हैं लेकिन इन्फोसिस ने आज भी उन्हें नहीं छोड़ा है और उन्हें सभी जिम्मेदारियों से मुक्त करके भी अपने साथ जोड़ रखा है।

तो देखा आपने एक साधारण युवक ने अपने एक सकारत्मक विचार को अपनी दृढ़ मेहनत, लगन, सूझबूझ और संकल्प से किस प्रकार अमली जामा पहनाया।

इसी प्रकार की एक मिसाल हमारे सामने और है और वे है विप्रो समूह के स्वामी अजीम प्रेमजी के रूप में–

अजीम प्रेमजी के पिता विप्रो नामक एक कम्पनी चलाते थे। यह कम्पनी तेल, साबुन और वनस्पति घी जेसी चीजें बनाती थी। कम्पनी की कुछ सम्पत्ति या कहिए कि टर्नओवर था कुल 5 या 7 करोड़ रुपये। अजीम प्रेमजी की उम्र उस समय मात्र 21 वर्ष थी जब उनके पिता का देहांत हो गया। वे चूंकि अपने पिता के इकलौते वारिस थे। अतः कम्पनी का भार उनके कंधो पर आ गया। वे व्यवसाय की बारीकियों से बिल्कुल अनजान थे, बिल्कुल अनुभव हीन। उनके कंधे कमजोर अवश्य थे, लेकिन उनके इरादे बेहद मजबूत थे। उनकी आंखों में एक सपना था था। एक बड़ी और विश्व विख्यात कम्पनी का सपना। उन्होंने लक्ष्य बनाकर कार्य किया। उनका लक्ष्य 1998 में था पांच वर्षों में विप्रो को देश की शीर्ष कम्पनियों में शुमार कराना। बस अपने इस विचार को

अमली जामा पहनाने के लिए प्रेमजी जुट गए अपने कार्य में। दिन-रात एक कर दिया और आपको यह जानकर हैरानी होगी कि पांच वर्ष में उस लक्ष्य को अजीम प्रेमजी ने अपनी सूझबूझ, लगन और कठिन परिश्रम से एक ही वर्ष में हासिल कर लिया।

जिंदगी को देखने का प्रेमजी का अपना एक अलग ही नजरिया है- वे ज्ञान को बहुत अधिक महत्व देते हैं।

उनका कहना है-

'सूचना के इस युग में मस्तिष्क की शक्ति ही सबसे महत्वपूर्ण शक्ति है।'

ज्ञान के विषय में उनका कहना है कि-

'आज दुनिया में ज्ञान इतनी तेजी से फैल रहा है कि अगर आप लगातार ज्ञान अर्जित नहीं करते तो आप पीछे रह जाएंगे और दुनिया आगे निकल जाएगी।'

दोस्तों! अजीम प्रेमजी को अपने काम से बहुत प्रेम है, वे आज भी हर-रोज तेरह घंटे काम करते हैं।

याद रखें दोस्तो-

'सपने तभी सच होते हैं जब हम सूझबूझ व सच्ची लगन के साथ परिश्रम करते हैं।'

अजीम प्रेमजी का जीवन इस बात का प्रत्यक्ष प्रमाण है कि इंसान के पास अगर सकारात्मक सोच हो, सपना हो, मेहनत करने तथा सीखने की इच्छा हो तो वह दौलत और शोहरत दोनों पा सकता है।

इस प्रकार हम देख सकते हैं कि यदि आपके पास एक ऐसा विचार, जो लोकहित का विचार हो, अगर उसे आप अमली जामा पहनाने में पूरे आत्मविश्वास से, पूरी लगन, निष्ठा और परिश्रम से जुट जाएं तो सफलता मजबूर हो जाती है, आपके कदम चूमने पर।

जिन महानुभावों की संघर्ष गाथा का मैंने ऊपर जिक्र किया है, उनके प्रति बस मैं यही पंक्तियां उद्धृत कर सकता हूं –

इस धरती पर वीर पुरुष ही नाम अमर कर
जाते हैं। *कायर जन तो जीवन भर बस,*
रो-रोकर मर जाते हैं॥

दोस्तों! हमेशा याद रखो कि जो व्यक्ति अपना काम करने में ईमानदार तथा कुशल है, उसके लिए सफलता के मार्ग में कोई रुकावट नहीं आ सकती। लेकिन जो व्यक्ति अपने काम से मन चुराता है, सही ढंग से अपने कार्य को नहीं करता है, काम को टालता रहता है, आज का काम दकल पर छोड़ देता है, वह कभी सफलता नहीं पा सकता जिसका अपना कोई लक्ष्य नहीं, जो केवल भाग्य के भरोसे ही बैठा है, उसे सफलता कैसे प्राप्त होगी?

जब तक आप अपने आपको निराशा के अधीन किए रहते हैं, अपने को अशक्त, कमजोर और अयोग्य मानते हैं, तब निराशा-हताशा भी आप पर हावी रहती है, परन्तु जब आप उठ खड़े होते हैं, कमर कस लेते हैं, आत्मविश्वास से भर उठते हैं और स्वयं को सशक्त एवं योग्य मानकर अपने विचारों का सम्मान करने लगते हैं, तो निराशा-हताशा मन से उसी प्रकार खत्म हो जाती है, जिस प्रकार सूर्योदय होने पर अंधकार भाग खड़ा होता है।

---●---

हर व्यक्ति को अपनी जेब में हमेशा एक कागज-पेन रखनी चाहिए और वक्त के साथ आए विचारों को तुरन्त लिख लेना चाहिए। जो विचार अनायास हमारे जेहन में उभरकर आते हैं, वे अक्सर हमारे सबसे ज्यादा किमती विचार होते हैं। इसलिए हमें उन्हें संभालकर रखना चाहिए, क्योंकि वे बार-बार नहीं आते।

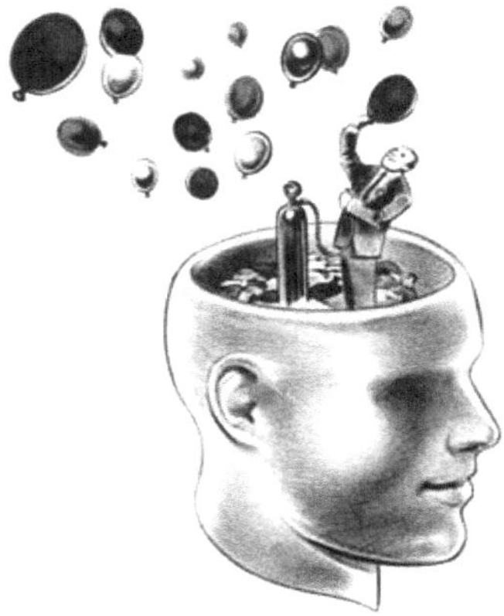

प्रार्थना की शक्ति

✍ मनुष्य अपनी असीम संभावनाओं और अद्भुत क्षमताओं से प्रकृति के अवरोधों को पार करता आया है। आदिम युग से आधुनिक काल तक उसने विकास के न जाने कितने सोपानों को छुआ है। फिर भी आज वह जानता है कि उसकी पूर्ण योग्यता व बहुआयामी क्षमता भी प्रकृति की बनाई छोटी सी घास का प्रयोगशाला में निर्माण नहीं कर सकती। हमारे देश के एक मशहूर राष्ट्रपति अपनी मेज पर एक पोटली में देश की माटी रखते थे। अन्य देशों के गणमान्य राष्ट्राध्यक्ष आते तो वे उस पोटली को राष्ट्रपति की मेज पर देखकर बहुत आश्चर्यचकित होते, आखिरकार कोई-न-कोई उनसे पूछ ही बैठता–यह तुच्छ मिट्टी आपने यहां क्यों सजा रखी है? राष्ट्रपति मुस्कराकर बोलते–विज्ञान और तकनीक ने बहुत प्रगति कर ली पर आज तक प्रकृति की इस तुच्छ भेंट को मनुष्य अपनी प्रयोगशाला में तैयार नहीं कर पाया। यह उस परमात्मा की बनाई प्रकृति को मेरा नमन है।

दोस्तों! उसी परमात्मा के पुत्र-पुत्री होने के नाते आप अपने लक्ष्य को पाने के लिए प्रार्थना को अपना भाव बनाइए।

अपने मन में सदा बाइबल की इस प्रार्थना को दोहराते रहिए–

"मैं प्रभु का बेटा हूं। संसार की अपार संपदा ईश्वर की है, वही इसका मालिक है और मैं उसका वारिस हूं। अतः मैं अभावों में अपना जीवन नहीं गुजारुंगा। यश, धन- सम्पत्ति, सफलता और खुशियों के द्वार श्रम के द्वारा मेरे लिए भी खुले हैं। असफलता, दबे-कुचले का लांछन मैं अपने ऊपर और अधिक दिन नहीं रहने दूंगा। मैं अपने श्रम, अपनी सूझबूझ, सकारात्मक विचारों और लगन के द्वारा अपने जीवन का कायाकल्प कर दूंगा। मुझ में वही शक्तियां हैं, जो सर्वशक्तिमान प्रभु में है, कारण मैं उन्हीं का पुत्र हूं। मैं उन सारी शक्तियों का प्रयोग अपने जीवन को सफल बनाने के लिए करुंगा। ईश्वर मेरी सहायता करने वाला है, ऐसी स्थिति में कोई अभाव, कोई बाधा मुझे कष्ट नहीं दे सकती।"

इस प्रार्थना के बाद अपने अन्तःकरण में आशा की भरपूर भावना रखते हुए अपना कार्य आरम्भ कीजिए।

संसार के सभी उत्तम पदार्थ, उत्तम परिस्थितियां, उत्तम विचार, उत्तम संगति, उत्तम योग्यता, सूझबूझ, धैर्य, लगन और परिश्रम करने की

शक्ति उस परम प्रभु से उसी प्रकार मांगिए जैसे आप कोई चीज बचपन से अपने पिता से मांगते थे। निश्चित रूप से वह शक्ति व साधन आपको प्राप्त होगा।

मेरी पहचान का एक युवक निर्धनता और मायूसी का जीवन बिता रहा था। हर कार्य में शक-शुबहा रखता, कार्य आरम्भ करने से पूर्व ही निराशा से भर उठता और असफल हो जाता। मगर कुछ दिन बाद उससे मुलाकात हुई तो उसने बताया कि अब उसके पास सुख-सुविधा के सभी साधन मौजूद हैं। उसका भाग्य बदल चुका था। क्यों? कैसे? दरअसल उसने इस भेद को समझ लिया था कि वह अपने कर्मों से तब असफल होता है, जब अपने विचारों से असफल होता है।

जिस दिन से उसके मन में यह विचार आया, उसी दिन से उसने अपने मन से निराशा व भय को उखाड़ फेंका और दृढ़ संकल्प से अपने कार्यों में जुट गया। फिर देखते-ही-देखते उसने अपने भाग्य को बदल डाला।

आशावान होना प्रगति के दीए में तेल डालने जैसा है। एक बार यह दीया जल जाए फिर कर्म की बाती से यह लगातार जलता रहता है।

इसलिए सबसे पहले तो अपने मन में सकारात्मक एवं अच्छे विचारों को संग्रहित करें, फिर किसी एक सर्वश्रेष्ठ विचार को मूर्त्तरूप देने का दृढ़ संकल्प करें, तत्पश्चात् सूझबूझ से अपने उस विचार को साकार करने में जुट जाएं।

एक बार जब आप पूरी शक्ति से अपने कार्य में जुट जाएंगे तो कोई भी बाधा पल भर के लिए आपके सामने नहीं टिक पाएगी। यह स्वाभाविक है कि अपने जिन शत्रुओं से हम डरते हैं, वे हमें नया-नया रूप धारण करके डराते रहते हैं, किन्तु जैसे ही हम उनसे भिड़ने के लिए कमर कस लेते हैं, वे सुस्त पड़ जाते हैं। आपके रास्ते से हट जाते हैं।

एक बार की घटना है–

एक व्यक्ति मार्ग में कहीं जा रहा था। अचानक एक बंदर ने उसका मार्ग रोक लिया और लगा उसे घुड़कने। व्यक्ति डरकर भागा। बंदर भी पीछे–पीछे। भय के कारण वह पसीने–पसीने हो गया। तभी कहीं से एक आवाज आई–

"ठहर! रूक! मुकाबला कर। इसकी आंखों में आंखें डाल।"

व्यक्ति रूका, पलटा और जैसी आवाज आई थी, वैसा ही किया। उसने कठोरतापूर्वक, पूर्ण आत्मविश्वास से भरकर बंदर को घूरा। बंदर ने इस प्रकार जब उसे मुकाबले पर देखा तो पीछे हटा और भाग गया।

व्यक्ति ने राहत की सांस ली, फिर आवाज की दिशा में देखा। वहां स्वामी विवेकानन्द खड़े मुस्करा रहे थे। बोले–"मुसीबतों, संकटों, अभावों और असफलताओं से जितना डरकर भागोगे, वे उतना ही डराएंगी, उतना ही पीछा करेगी। लेकिन जब कमर कस लोगे, उनसे दो–दो हाथ करने के लिए तो वो इसी बंदर की तरह डरकर भाग जाएंगी, इसलिए भागो मत, मुकाबला करना सीखो।"

हम सबके जीवन में ऐसा ही होता है। ***हम जितना अभावों, बाधाओं, असफलताओं से घबराकर भागते हैं, ये हमें उतना ही सताती हैं, लेकिन जब हम सामने आई बाधाओं से, निराशाओं से भिड़ने के लिए तैयार हो जाते हैं तो वे स्वयं भाग खड़ी होती हैं, क्योंकि वे स्वयं बहुत कमजोर होती हैं।*** मगर अफसोस के साथ कहना पड़ रहा है कि उन्हें शक्तिशाली समझकर ज़्यादातर लोग उनसे डरते रहते हैं और जीवनभर असफल और कायरों वाली जिन्दगी व्यतीत करते हैं।

मैं तो आपसे केवल यह कहना चाहता हूं कि आप अपनी समस्त शक्तियों को समेटकर दरिद्रता, असफलता और निराशा से जूझ जाइए, तब देखिए कि कितना शीघ्र आपका कायाकल्प होता है और आपकी

गिनती सफल लोगों में होने लगती है। इसके लिए आपको आगे आना होगा। अपने मन को सफलता के विचारों से भरना होगा। असफलता के भावों को मन से बाहर निकालना होगा। शक-संदेह, भय और निराशा का त्याग करना होगा। फिर देखिए दुनिया की ऐसी कोई ताकत नहीं जो आपको सफल होने से रोक सके।

याद रखें:

"समय की रेत पर कदमों के निशान बैठकर नहीं बनाए जा सकते।"

---●---

व्यक्ति की सफलता या असफलता का सीधा संबंध उसके विचारों से है। सकारात्मक विचार और आशावाद वाला व्यक्ति एक न एक दिन सफल अवश्य होता है।

–सूर्या सिन्हा

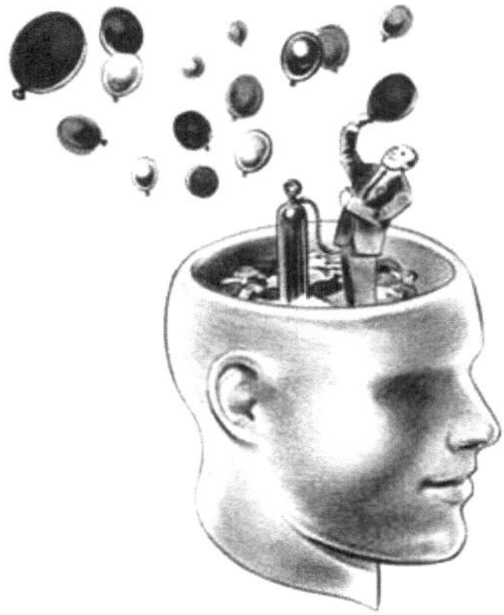

बड़ा शक्तिशाली है मन

✍ विचारों में अद्वितीय शक्ति है। अनादि काल से वर्तमान तक सभी महान मनीषियों ने विचारों की अद्वितीय शक्ति का गुणगान किया है। विचार स्वस्थ हो तो मन भी स्वस्थ होता है। थके-हारे, बीमार विचार पालने से आपका मन और शरीर भी बीमार हो जाते हैं।

स्वस्थ और अस्वस्थ मन की पहचान क्या है?

जो मन सकारात्मक विचारों से भरा है, जिसमें आशा की किरण और सफल होने का विश्वास है, वही मन स्वस्थ है।

जिसमें नकारात्मकता है, निराशा है, जीवन के प्रति अविश्वास है, वह मन बीमार है।

बीमार मन में अच्छे विचार आने कठिन हैं और बुरे विचार मन की शक्ति को लगातार क्षीण करते रहते हैं।

जीवन में उपलब्धियां और सफलताएं पाने के लिए विचारों का सकारात्मक व प्रबल होना आवश्यक है। सकारात्मक विचारों में दृढ़

संकल्प तक पहुंचने की क्षमता होती है। संकल्प ले लेने के बाद सफलता निश्चित है। अतः व्यक्ति को चाहिए कि वह मन में किसी प्रकार का विकार न आने दें, मन रूपी यंत्र में किसी प्रकार का जंग न लगने दें।

यदि व्यक्ति का मन प्रफुल्लित है तो वह निर्बल शरीर के द्वारा भी बड़े और विलक्षण कार्य करने में सफल हो जाता है, किन्तु यदि मन दुर्बल है तो आपका शरीर चाहे कितना भी बलवान क्यों न हों, वह व्यर्थ है। उस स्थिति में वह हाड़-मांस का ढेर मात्र है। एक कथन काफी प्रचलित है-

'मन के हारे हार है, मन के जीते जीत'

यह कोई साधारण कथन नहीं है। इसमें अनंत शक्ति और प्रेरणा का सूत्र छुपा है। जो भी व्यक्ति इस कथन का वास्तविक अर्थ समझ लेगा, उसके लिए संसार में कोई भी कार्य करना असंभव नहीं होगा। कठिन-से-कठिन कार्य भी उसके लिए सरल और संभव हो जाएंगे।

जरा सोचें कि जब मनुष्य ने इस धरती पर जन्म लिया था, तब वह क्या था? अन्य पशुओं की तरह वह भी पशु समान ही था, किन्तु उस समय भी उसमें एक विशेषता थी-उसकी सोचने-समझने व विचारने की क्षमता।

इसी विशेष शक्ति के बल पर उसने विकास किया और वह प्रकृति और अन्य प्राणियों पर नियंत्रण करने वाला स्वामी बना। मनुष्य और पशु में आज भी यही अंतर है। पशु आज भी वैसा ही है, जैसे हजारों वर्ष पहले था, परन्तु मनुष्य ने अपनी सोच-समझ व विचारने की अद्भूत शक्ति के सहारे मानव सभ्यता को निर्मित किया और अपने लिए उसने सभी सुख-सुविधाओं का संसार रचा।

मनुष्य की इन सभी सफलताओं का रहस्य उसके विचारों व संकल्पशक्ति में छिपा है।

मनुष्य जिस बात का विचार करता है, जिस बात का चिंतन और मनन करता है, और फिर जिन उद्देश्यों की पूर्ति का संकल्प करता है, उनमें उसे मन की शक्ति के द्वारा ही सफलता प्राप्त होती है। यदि व्यक्ति के मन में दृढ़ निश्चय हो तो उसकी सारी शारीरिक दुर्बलताएं नष्ट हो जाती हैं।

सकारात्मक सोच और दृढ़ संकल्प से आपके मन को शक्ति मिलती है और मन की शक्ति से आप जो चाहें कर सकते हैं। जो लोग पर्वतों की चोटियों या सागर की तह तक पहुंच पाएं, उनके पास मन की शक्ति ही प्राथमिक शक्ति थी।

---●---

अगर आप सकारात्मक विचारों को अपना अस्त्र बना लें, तो कर्मयुद्ध में आपकी विजय पक्की है। इसलिए सदा एक योद्धा की भांति विपरीत परिस्थितियों से जूझने के लिए तैयार रहिए।

—सूर्या सिन्हा

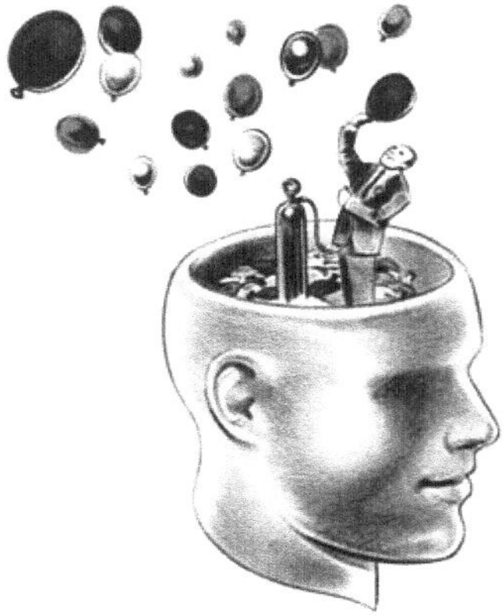

जगाना है मन की शक्ति को

✍ हम अपने आस-पास ऐसे बहुत से लोग देखते हैं, जो ना तो कुछ करने की सोचते हैं और ना ही कुछ करते हैं। सिर्फ इधर-उधर घूम-फिर कर या खाली बैठे रहकर अपना बेशकीमती समय बर्बाद करते रहते हैं। इस कारण ऐसे लोग शारीरिक व मानसिक रूप से बीमार भी हो जाते हैं। किन्तु जब उनके कंधों पर कोई जिम्मेदारी आती है, तो वे पूरे तन-मन से उस जिम्मेदारी को निभाने में जुट जाते हैं और पूरी कुशलता से उस जिम्मेदारी को निभाकर ही दम लेते हैं।

ऐसा कैसे होता है? दरअसल जब व्यक्ति की कर्त्तव्यपरायणता की परीक्षा का अवसर आता है, तब उसके मन की शक्ति जागृत हो जाती है।

मन की यह प्रबल शक्ति ही सब प्रकार की दुर्बलताओं पर विजय दिलाने में सहायक सिद्ध होती है।

उस समय यह शक्ति इतना प्रचण्ड रूप धारण कर लेती है कि

व्यक्ति की संपूर्ण देह में विद्युत तरंगों के समान हिलोरें उठने लगती हैं तथा उस तीव्र शक्ति के कारण ही उसका रोगों से जर्जर शरीर भी स्वस्थ देह के समान कार्य करने लगता है और वह पूर्ण निष्ठा द्वारा अपने कर्तव्य का पालन करने लगता है।

इस संदर्भ में मुझे कुछ वर्ष पूर्व घटी एक सच्ची घटना याद आ रही है। यह उत्तर प्रदेश के किसी ऐसे गांव की घटना है जो किसी जंगल के मुहाने पर बसा था। जंगली जानवरों और गांववालों के बीच संघर्ष यहां आम बात थी।

गांव का एक घर।

घर के आंगन में खेल रहा था एक बच्चा।

पास में ही हैण्डपम्प पर बच्चे की मां कुछ कार्य कर रही थी। अचानक एक बाघिन ने आंगन में आकर बच्चे को दबोच लिया। मां ने बच्चे की चीख सुनकर उधर देखा तो स्तब्ध रह गई। उसे काटो तो खून नहीं। मगर तभी मानो बिजली सी कौंधी हो। बच्चे के प्रति स्नेह और ममता ने एक मां के भीतर की उस शक्ति को जागृत कर दिया जो पर्वतों को भी हिला देती है। वह चारों ओर मदद की गुहार लगाती हुई दौड़कर उस बाघिन से जा भिड़ी।

महिला के इस अप्रत्याशित हमले को देखकर बाघिन भी स्तब्ध रह गई। कुछ देर दोनों के बीच जानलेवा संघर्ष होता रहा। महिला ने सोच लिया था कि बच्चे को बचाना ही है, चाहे जान चली जाए। उधर बाघिन इसलिए घबराई हुई थी कि वह औरत साहस के साथ उससे लड़ रही थी। आखिर उस महिला की अदम्य शक्ति के आगे बाघिन हार गई और उसे जान बचाकर भागने पर मजबूर होना पड़ा क्योंकि उसकी दहाड़ों और महिला की साहस भरी ललकारों को सुनकर और गांववाले भी वहां पहुंच चुके थे।

यह घटना साफ दर्शाती है कि जब व्यक्ति के भीतर की शक्ति

जाग जाती है, जब मन की संकल्प शक्ति का उदय हो जाता है तो असंभव कार्य भी संभव हो जाता है। बाद में उस महिला से जब लोगों ने उसके साहस के बारे में पूछा तो उसने कहा, "मैं खुद हैरान हूं कि मुझमें इतनी शक्ति और साहस कहां से आ गया।"

दोस्तों! आमतौर पर ऐसा होता है कि व्यक्ति अपनी क्षमताओं और शक्तियों के प्रति गंभीर नहीं होता। उसे पता ही नहीं होता कि उसके भीतर शक्ति और प्रेरणा का अथाह समुद्र हिलोरे मार रहा है, किन्तु जब अचानक कोई बड़ी विपत्ति या महासंकट आता है तब इस सोई हुई शक्ति का अथाह सागर जागृत होकर ठाठे मारने लगता है।

मन की शक्ति की लहरें हिलोरें लेती हैं और उस समय मनुष्य को अपने शरीर में विराट क्षमता का अनुभव होने लगता है!

घोर विपत्ति के समय यह सोचकर आश्चर्य होने लगता है कि इतने दिनों तक यह अदम्य शक्ति कहां छिपी पड़ी थी?

जब मानव की यह चेतना शक्ति अंधकार से निकलकर अपने दिव्य रूप में प्रकट होती है, उस समय व्यक्ति अपने ही प्रकाश से पूरे संसार को आलोकित कर देता है।

इसलिए सदा याद रखें–

- ☞ जीवन पथ पर आने वाली भयंकर चुनौतियां ही मनुष्य को उसकी असीमित शक्तियों के प्रति जागरूक बनाती हैं।
- ☞ विश्वास बड़ी चीज़ है। विश्वास असम्भव को भी संभव बना देता है।
- ☞ विश्वास के आधार पर यह पूरा संसार है। यदि विश्वास समाप्त हो जाएगा, तो संसार में कुछ भी शेष नहीं बचेगा और इस विश्वास का मूल स्त्रोत मनुष्य का मन है।
- ☞ कठिन परिस्थिति में भी व्यक्ति को चाहिए कि वह ऐसी धारणा मन में रखे कि प्रभु उसके साथ है और उनकी असीम

शक्तियां भी उसके साथ हैं।

☞ कठिन परिस्थितियों में भी मन में रहने वाली अदम्य आस्था व्यक्ति को धीरज बंधाए रखती है और व्यक्ति का मनोबल उच्च रहता है।

☞ जब व्यक्ति के मन में विश्वास की भावना जागृत हो जाती है, तब उसे विश्वास हो जाता है कि स्थिति बदलेगी और संकट के दिन लद जाएंगे। ऐसे में वह वर्तमान परिस्थितियों पर विजय प्राप्त करके अवश्य ही आगे बढ़ता है।

अतः अपने मन की शक्ति को जागृत कीजिए। संकल्पशक्ति का विकास कीजिए। अपने विचारों का सम्मान कीजिए और उन्हें विश्वासपूर्वक व्यवहार में लाकर विजय पथ पर आगे बढ़िए।

यह सूत्र हमेशा याद रखें–

“असफलता अस्थायी होती है। एक बार असफल हो जाने का अर्थ यह नहीं कि आप जीवन में ही असफल हो गए। जीवन हजारों घटनाओं से मिलकर बनता है। ऐसा नहीं कि कोई व्यक्ति हर कार्य में हर बार असफल होता हो अथवा हर बार व हर समय सफल ही होता रहे। असफलता भी एक अनुभव देती है जो बुद्धिमान व्यक्ति के लिए प्रेरणा बनकर उसकी सफलता को निश्चित कर सकता है। इसलिए आपको पूरा ध्यान अपने लक्ष्य पर और जीवन की सफलता पर देना चाहिए।”

---●---

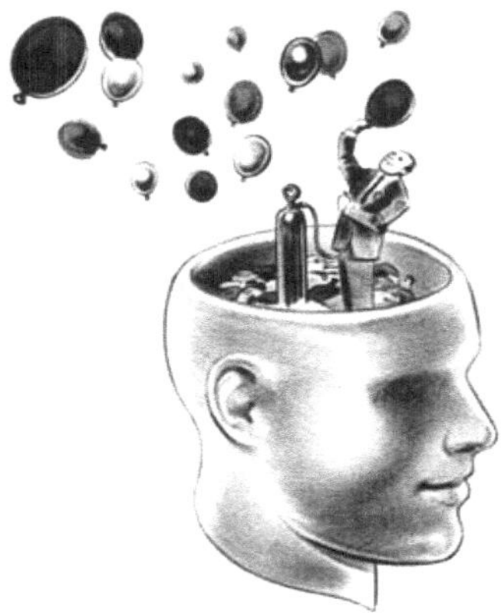

विचारों का प्रभाव

✍ किसी विद्वान ने कहा है–

"महान विचार कार्य रूप में परिणत होने पर महान कार्य बन जाता है।"

लेकिन समाज में स्थिति अलग दिखती है। देखा गया है कि अच्छे विचारों का प्रभाव मनुष्य के मन पर बड़ी देर से पड़ता है, जबकि बुरे का प्रभाव बहुत जल्दी पड़ता है।

बुरे विचारों के भिन्न-भिन्न लक्षण और स्वरूप होते हैं, जो शुरू-शुरू में तो किसी प्रकार की हानि पहुंचाते दिखाई नहीं देते, लेकिन ज्यों-ज्यों हम आगे बढ़ते जाते हैं, हमारे मन में इनकी जड़े इतनी गहरी जम जाती हैं कि फिर इनसे छुटकारा पाना असंभव की सीमा तक मुश्किल हो जाता है।

और आगे चलकर यही दुर्विचार मन में इस प्रकार गहरे तक जम जाते हैं कि हमारे स्वभाव का एक अंग बन जाते हैं।

यहां यह बात विशेष उल्लेखनीय है कि जैसे आपके विचार होंगे, आपके शरीर और कार्यों पर उनका वैसा ही प्रभाव पड़ेगा। प्राचीन काल में हमारे मनीषियों ने इस तथ्य को बहुत महत्त्व दिया था। इसलिए उन्होंने ब्रह्मचर्य वर्ण की स्थापना के माध्यम से बचपन से ही बच्चों के मन में सद्विचारों की छाप छोड़ने की सामाजिक व्यवस्था की। बालपन से अच्छे संस्कार-गुरुओं व माता-पिता का आदर, छोटों को स्नेह व धर्म की मर्यादा की रक्षा-गुरुकुलों में इसका पूर्ण ज्ञान देकर भविष्य के नागरिकों को संयमी, सदाचारी और साहसी बनाया जाता था।

वैसे विचारों की महिमा को व्यावहारिक दुनिया में भांपकर सचेत हो जाने वाले समझदार लोग कम नहीं हैं। दरअसल ये अज्ञानता के चक्र से छूटने के लिए तड़प लिए वे लोग होते हैं जिन्हें विकास के लिए खुद को मिटा देने में कोई संकोच नहीं। ये लोग जब अपने विचारों में परिवर्तन ले आते हैं तब उनका जीवन ही बदल जाता है। सबसे पहले, उनकी कार्यकुशलता बढ़ जाती है। फिर उनके विचारों की गति इतनी अधिक हो जाती है कि वे कहीं-से-कहीं जा पहुंचते हैं। उनके संबंध उनके विकास की सीढ़ियां बन जाती हैं। वे विचारों के धनी बनते जाते हैं और दुनिया उनकी मुरीद बनती जाती है। वे सद्विचारों का प्रकाश दूर-दूर तक ले जाते हैं और कर्त्तव्यनिष्ठा, कार्ययोजना, कार्यकुशलता जैसे गुणों से अनजान लोगों की जिंदगी बदल कर रख देते हैं। उनके विचार पारस पत्थर का काम करते हैं जिन्हें छूकर पाषाण सी स्थिति में पहुंचे लोग भी सोना बनने लगते हैं। ऐसे लोगों को परमात्मा और प्रकृति विशेषताओं से नवाजती है। उन्हें महान विचारों की सौगात मिलती है और वे समाज के पथप्रदर्शक बन जाते हैं।

आज हम देखते हैं कि एक व्यक्ति ऐसा है जिसके पीछे भीड़ चली जा रही है, उसकी बातें सुन रही है, उसका अनुसरण कर रही है, सभा स्थलों में उसे आदर दिया जाता है।

आखिर आपने कभी ऐसा सोचकर देखा है कि ऐसा क्यों होता है?

क्योंकि उनके विचार निर्मल हैं, उत्साह बढ़ाने वाले हैं, सबके हीत के लिए हैं और उसके वे विचार दूसरों पर अपना प्रभाव छोड़ते हैं। इसलिए लोग उनका अनुसरण करते हैं।

याद रखें दोस्तों! विचारों का प्रभाव बड़ा ही तीव्र होता है। अतः अपने मन में उच्च, सकारात्मक एवं निर्माणात्मक विचारों को स्थान दें।

'आपके उच्च, सकारात्मक एव निर्माणात्मक विचार ही आपको महान बनाते हैं और आपके नकारात्मक विचार आपको निम्न श्रेणी में ले जाते हैं, यह है विचारों की शक्ति का प्रभाव।'

---●---

अगर आप अपने आपसे संतुष्ट हैं तो अब आप और आगे नहीं बढ़ पाएंगे। कारण, जो बीज होने से ही संतुष्ट हो, वह वृक्ष कैसे बनेगा। वृक्ष बनने के लिए बीज में गहरा असंतोष और वृक्ष बनने की तड़प होनी चाहिए।

–सूर्या सिन्हा

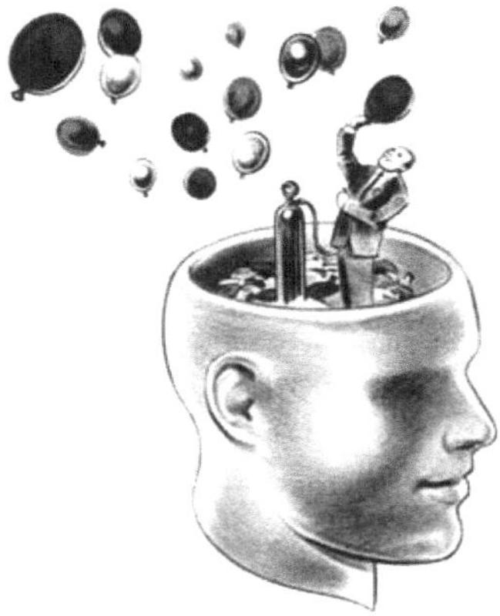

अपनी क्षमताओं को पहचानें

✍ आधुनिक होने के बावजूद हमारे समाज में विषमता पग-पग पर दिखती है। आज भी बहुत से ऐसे लोग हैं, जो अपनी उम्र का एक बड़ा हिस्सा गवां चुकने के बाद भी जागृत नहीं हुए हैं। वे आज भी सदियों पुराने विचारों और गली-सड़ी मान्यताओं को ढो रहे हैं। उन्होंने अपनी शक्ति और योग्यता का न के बराबर उपयोग किया और इसी कारण वे औसत से भी कम दर्जे के रह गए। उनकी क्षमताएं इतनी गहरी सो गईं कि वे उन्हें जगा ही नहीं सके।

जगा इसलिए भी नहीं सके कि उन्होंने स्वयं को हमेशा तुच्छ समझा, कभी भी विशिष्टता प्राप्त करने की चेष्टा नहीं की। अपना आकलन करने में उन्होंने सदा भूल की और सिर्फ गुजर गई पीढ़ियों को ही देखते रहे। उन्होंने अपना आदर्श अपने उन पूर्वजों को बनाया जो सदा लकीर के फकीर बने रहे। जो सदा पुराने और प्राचीन का ही अनुसरण करते रहे। उन लोगों को उन्होंने अपना आदर्श कभी नहीं बनाया जो जमीं

से आसमान तक पहुंचे। उनकी तरफ देखा तो सही मगर हमेशा वही आह भरकर रह गए कि- हाय। हमारे ऐसे नसीब कहां।

इन निराशावादियों ने कभी यह चेष्टा नहीं की कि दही की भांति हम भी अपनी शक्ति और योग्यता को मथकर ऊर्जा रूपी वह मक्खन प्राप्त करें जो व्यक्ति के भाग्य को पुष्टि प्रदान करता है। वे बस, नसीब-नसीब चिल्लाते रहे और कुढ़ते रहे।

ऐसे लोगों से मिलने पर पता चलेगा कि उनमें भी महान शक्ति छिपी हुई थी, लेकिन, चूंकि उस शक्ति का उन्होंने कभी दोहन नहीं किया, इसलिए वह शक्ति उनके भीतर ही घुटकर रह गई। उन्होंने अपने पुराने, नकारात्मक और रूढ़िवादी विचारों को नहीं छोड़ा, शरीर छोड़ दिया। रूढ़िवाद से जकड़े उन लोगों को परिवर्तन स्वीकार नहीं था। जबकि ऊँचा उठने के लिए और कुछ अच्छा कर दिखाने के लिए परिवर्तन बेहद जरूरी है।

वे यह नहीं सोचते कि यदि आदिम पुरुष ने परिवर्तन न किया होता तो वे आज भी जंगल व गुफाओं में ही रह रहे होते।

दोस्तों! याद रखियेगा जो लोग चंद पीढ़ी पीछे छूटे पुरखों की अवैज्ञानिक परम्पराओं से बंधे रहे। वे या तो औसत दर्जे के रह गये या मर कर मिट गये।

यदि आप ऊंचा उठना चाहते हैं तो आपको अपने विचारों में परिवर्तन करना ही होगा। आप केवल विचारों में परिवर्तन करें, बाकी सब अपने आप बदलता चला जाएगा। ऐसा कैसे होगा, इसके लिए मैं सोच के कुछ सूत्र देता हूं:

- ☞ आपकी धारणा हमेशा ऐसी होनी चाहिए कि मैं भी कुछ कर सकता हूं।
- ☞ हमेशा आशावादी विचारों को मन में स्थान दें।

- ☞ मैं जो भी लक्ष्य तय करूंगा, उसे प्राप्त करके रहूंगा।
- ☞ मैं शक्तिशाली हूं, योग्य हूं और ईश्वर की कृपा से आत्मविश्वास से भरा हूं।
- ☞ मैं ईश्वर का पुत्र हूं और उसने मुझे कुछ विशेष करने के लिए इस धरती पर भेजा है।
- ☞ दुनिया के समस्त ऐश्वर्य मेरे लिए हैं, एक पुरूषार्थी, एक योद्धा की तरह जीत हासिल करके मुझे उन सभी सुख-ऐश्वर्यों को भोगना है।
- ☞ संसार में ऐसा कोई कार्य नहीं जिसे मैं नहीं कर सकता।

उपरोक्त सूत्रों को रोजाना स्मरण करने के लिए आप इन्हें कागज पर बड़े-बड़े अक्षरों में लिख लें। इन्हें रोज पढ़ने से इनके प्रति एक विश्वास का भाव विकसित होगा। उस विश्वास से धारणा में मजबूती आएगी। इस धारणा से आपके आस-पास का वातावरण आपके पक्ष में काम करने की स्थिति में आ जाएगा।

इसी संदर्भ में मुझे एक घटना याद आ रही है। इस पुस्तक के सृजन के दौरान मैंने दैनिक जागरण में 6 जुलाई 2008 के अंक में एक खबर पढ़ी। शीर्षक था—जग्गू जिंदाबाद।

शीर्षक पढ़कर बड़ा अजीब सा लगा, मगर जब खबर पढ़ी तो पूरा शरीर रोमांच से भर गया। सिर गर्व से उठ गया, यह सोचकर कि भारत में आज भी ऐसे जांबाज हैं जो परिस्थितियों को मुंहतोड़ जवाब देने की ताकत रखते हैं।

दैनिक जागरण के रांची से पत्रकार गुंजन श्रीवास्तव की इस रपट को उन्हीं के अंदाज में मैं अपने पाठकों के समक्ष इस उम्मीद से रख रहा हूं

कि वे भी रांची के जगदीश सिंह के जीवन से कुछ प्रेरणा लें–

अदम्य इच्छाशक्ति और लगन। रांची के जगदीश सिंह का परिचय देने को बस यहीं दो शब्द बहुत हैं। अपने को साबित करने का जज्बा ही था कि बिना हाथों वाले जगदीश ने अपनी पढ़ाई पूरी की, कैरम का कौशल सीखा, मार्शल आर्ट में दक्ष हुए और सरकारी नौकरी की प्रतियोगी परीक्षा पास की और यह सब किया विकलांगों को मिलने वाली सरकारी सहायता लिए बिना। रांची के महालेखाकार कार्यालय में वरिष्ठ लेखाधिकारी 47 वर्षीय जगदीश सिंह उर्फ जग्गू के जन्म से ही दोनों हाथ नहीं हैं। लेकिन रामकरण सिंह व शकुंतला की नौ संतानों में से एक जग्गू ने कभी हार नहीं मानी। दुर्भाग्य की यह मार किसी को भी तोड़ सकती है, किन्तु दृढ़ संकल्प के धनी जग्गू ने शारीरिक कमी को खुद पर कभी हावी नहीं होने दिया।

उन्होंने अपने पैरों को हाथ बनाया और लिखावट इतनी सुंदर मानो मोती की माला पिरोई हुई हो। वह कहते हैं, 'कभी महसूस ही नहीं हुआ कि मेरे दोनों हाथ नहीं हैं। माता-पिता ने भी बहुत साथ दिया। लेकिन हाई स्कूल दाखिले के लिए वह मारवाड़ी उच्च विद्यालय पहुंचे तो प्राचार्य ने भर्ती करने से मना कर दिया। उनको लगा कि बिना हाथ वाला बच्चा पढ़ेगा कैसे। जग्गू ने प्राचार्य को राजी किया कि पढ़ाई में हाथों की कमी आड़े नहीं आएगी। आखिर प्राचार्य राजी हुए .... और यह जग्गू की

मेहनत का ही कमाल था कि वह जब पढ़कर निकलते तो प्राचार्य उनकी पीठ थपथपाते और बोलते–"मुझसे बहुत बड़ी भूल होती, यदि तुम्हारा दाखिला नहीं लेता।" प्राइमरी से हाई स्कूल तक हमेशा प्रथम आए जग्गू ने वाणिज्य में स्नातक किया, कर्मचारी चयन आयोग की परीक्षा में बैठे और सफल हुए। जग्गू की कहानी इतनी ही नहीं है। कोई भला विश्वास करेगा कि जग्गू मार्शल आर्ट के कुशल खिलाड़ी भी हैं। जग्गू जिंदाबाद ....

जग्गू कहते हैं "मनोबल ऊंचा रखने में कराटे उनका मददगार रहा।" नेताजी सुभाष चन्द्र बोस को आदर्श मानने वाले जग्गू ने डिस्ट्रिक कलेक्टर बी के सिन्हा से लोहा ले शहर में नेताजी की प्रतिमा स्थापित करवाई। आज रांची का सुभाष चौक जग्गू के मनोबल की ही जीत है। रंगकर्म में भी उन्होंने हुनर दिखाया और निर्देशन के लिए अखिल भारतीय लघु नाट्य प्रतियोगिता में एवार्ड जीता। समाज सेवा, खेल व सांस्कृतिक कार्यक्रमों में योगदान के लिए उन्हें प्रतिष्ठित 'बिरसा पुरस्कार' भी मिल चुका है।

आप जानना चाहते हैं रांची के युवाओं का आदर्श बन चुके जग्गू का आदर्श वाक्य क्या है।

मन के हारे हार है, मन के जीते जीत।

दोस्तों! इसमें कोई शक नहीं कि हार मन से होती है। यदि आपने

अपने मन में हार स्वीकार कर ली है, तभी आप हारते हैं। लेकिन यदि मन हार मानने को तैयार नहीं है तो विश्वास रखिये कि दुनिया की कोई ताकत आपको नहीं हरा सकती।

याद रखें-

किसी की चार दिन की जिन्दगी सौ काम करती है। किसी की सौ बरस की जिन्दगी में कुछ नहीं होता।

दोस्तों! यह जरूरी नहीं कि सौ बरस की जिन्दगी मिले, सच्चे कर्मवीर तो चार दिन की जिन्दगी में ही इतिहास लिख जाते हैं।

---●---

लोगों की सोच और कार्यनीति सिर्फ हम बातों से नहीं बदल सकते। लोगों की सोच और कार्यनीति बदलने के लिए यह अति आवश्यक है कि हम कुछ ऐसा करें, जिसे देखकर वे प्रभावित हो सकें। कारण, लोग वही करते हैं जिसे देखकर वे प्रभावित होते हैं।

–सूर्या सिन्हा

जीवन में एक बार असफल होने का अर्थ यह कदापि नहीं कि आप जीवन में कभी सफल हो ही नहीं सकते। सफलता-असफलता जीवन रूपी सिक्के के दो पहलू हैं।

—सूर्या सिन्हा

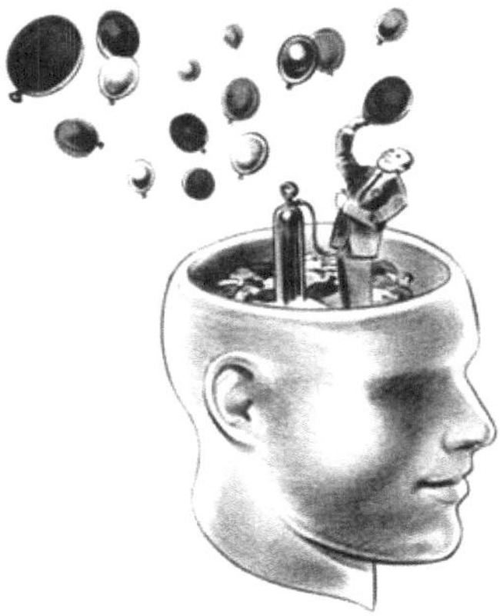

गुण बोएं, आनंद पाएं

✍ सोच में परिवर्तन करके उसे सकारात्मक बनाने में सबसे पहला कदम है—शान्त रहना। सदियों से मनुष्य को महान बनाने के लिए ये सूत्र बताए जाते रहे हैं—

-शान्त रहिए।

-संतुलित रहिए।

-अपनी सीमा में रहिए।

-मर्यादाओं का पालन कीजिए।

-उत्तेजना का परित्याग कीजिए।

-प्रत्येक कार्य में सूझबूझ एवं दूरंदेशी का परिचय दीजिए।

उपरोक्त योग्यताएं या गुण जिस व्यक्ति में हैं, वही अपनी प्रतिभा का भरपूर लाभ उठा सकता है।

लेकिन इसके बावजूद मैंने बहुत से ऐसे व्यक्ति भी देखे हैं जिनमें उपरोक्त सभी गुण हैं किन्तु फिर भी वे सफल नहीं हैं। इसका सबसे बड़ा कारण यही है कि उन्होंने इन योग्यताओं के साथ-साथ क्रोध,

तनाव, ईर्ष्या, आलस्य और अकुशलता जैसे दोषों को भी अपने जीवन में स्थान दिया हुआ है।

जीवन में सफलता व सच्चा सुख पाने के लिए हमें इन दोषों को त्यागना ही होगा। इसका संबंध भी सीधा हमारे विचारों से है।

हम सबसे पहले अपने दौर की वस्तुस्थिति को समझें। समाज में पिछले बीस साल में स्थितियां बहुत तेजी से बदली हैं। यूं तो समाज में हर वर्ग के लिए हालात जटिल हो गए हैं। वृद्धों की जहां जीवनप्रत्याशा (लाइफ एक्सपेक्टंसी) बढ़ने से उनकी उपयोगिता के नए क्षेत्र खोजना एक चुनौती है, वहीं स्त्रियों की शिक्षा क्षेत्र में लगातार बढ़त ने भी उनकी पारिवारिक भूमिका को नए सिरे से समझने की आवश्यकता पैदा कर दी है। इधर आज का युवावर्ग निरंतर प्रतिद्वंदिता के साए में जी रहा है। कदम-कदम पर प्रतिद्वंदी उसकी राह रोके खड़े दिखते हैं। उसका सफर अब आसान नहीं है। कदम-कदम पर उसे परीक्षा के दौर से गुजरना पड़ता है और इस सफर में यदि वह अपने कंधों पर, अपने मन-मस्तिष्क पर व्यर्थ का बोझ (काम, क्रोध, ईर्ष्या, जल्दबाजी) लादे रहता है तो वह अपना सफर कभी भी पूरा नहीं कर पाएगा बल्कि थककर बैठ जाएगा।

जिस प्रकार किसी लम्बे व महत्वपूर्ण सफर पर जाते समय आप केवल बेहद जरूरी और सीमित सामान ही लेकर चलते हैं, उसी प्रकार सफलता के इस सफर में भी आपको वही सामान (विचार और गुण) लेकर चलना होगा जो आपके सफर को आसान करे और बिना किसी बाधा के आप अपनी मंजिल तक पहुंच सकें।

याद रखें –

☞ जीवन में आने वाली जटिलताओं का सामना दृढ़ता और सूझबूझ से करें।

- ☞ क्रोध का त्याग करें। किसी भी समस्या को सुलझाने के लिए शांत मन-मस्तिष्क से उसका समाधान खोजें।
- ☞ जल्दबाजी या अशान्त मन-मस्तिष्क के चलते कोई निर्णय न लें। जल्दबाजी सदा घातक होती है।
- ☞ ईर्ष्या और द्वेष आपकी बेहद मूल्यवान आन्तरिक शक्ति और ऊर्जा को नष्ट करते हैं।
- ☞ अपने लाभ की बात अवश्य सोचिए लेकिन दूसरे की हानि करके नहीं। वरना इससे न केवल आपकी प्रवृत्ति कुटिल होगी अपितु आपके विचार भी दूषित होंगे।
- ☞ जीवन में एक बार असफल होने का अर्थ यह कदापि नहीं कि आप कभी सफल हो ही नहीं सकते। हार-जीत जीवन रूपी सिक्के के दो पहलू हैं।
- ☞ जो जीवन में कभी नहीं हारते, उन्हें जीत की सच्ची खुशी भी हासिल नहीं होती।
- ☞ आपकी हार आपको केवल यह बताने के लिए हुई होती है कि आपसे कहीं-न-कहीं कोई बड़ी चूक हुई है, उसे सुधारिए।
- ☞ सूझबूझ वाला, सुलझे विचारों वाला व्यक्ति हार के बाद अपनी गलतियों से सबक लेकर फिर चल पड़ता है और अन्ततः अपने लक्ष्य को किसी विजेता की तरह हासिल करता है।

---●---

परिवर्तन की अंगुली थामकर व्यक्ति भाग्य के कंधे की सवारी कर सकता है।

—सूर्या सिन्हा

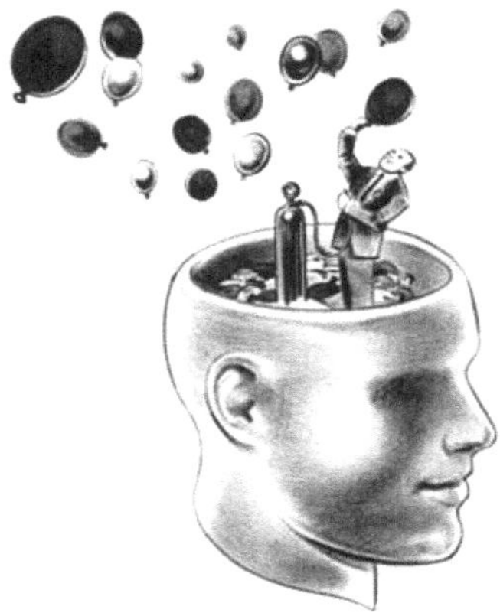

प्रकृति का नियम है परिवर्तन

✍ आदमी के साथ सबसे बड़ी दिक्कत यह है कि वह प्रकृति से कुछ नहीं सीखता। हम रूढियों से जकड़े रहते हैं और आसानी से परिवर्तन स्वीकार नहीं करते।

परिवर्तन के नाम से न जाने हम क्यों भयभीत हो जाते हैं। यही भय मन में एक प्रकार की शून्यता पैदा कर देता है। मन पर दूषित विचारों का आक्रमण तभी होता है, जब हमारे मन में शून्यता होती है, जब रचनात्मक विचारों का अभाव होता है।

जब मन में उन्नत विचार रहते हैं, तब पतन के विचार नहीं आ सकते। मन को उन्नत व सकारात्मक रखने के अनेक उपाय हैं, इस विषय पर हम सबके अनुभव अलग-अलग हो सकते हैं, लेकिन प्रकृति का नियम है कि वह हमेशा खाली स्थान भरती है।

जब मन अच्छे विचारों से खाली होने लगता है तो बुरे विचार हमारे मन में आ जाते हैं। जब बुरे विचार आते हैं, तो शंकाएं जन्म लेती हैं,

शंकाओं से संकटों, भय, विपत्ति, उत्साहहीनता और निराशा का जन्म होता है। बुरे विचारों के कारण ही व्यक्ति में पूर्वाग्रह, हठवादिता, रूढ़िवाद, मिथ्याविश्वास, ईर्ष्या, द्वेष, जलन आदि विकार उत्पन्न हो जाते हैं। शुरू-शुरू में तो ये हानिरहित प्रतीत होते हैं, परन्तु ज्यों-ज्यों बढ़ते और पलते जाते हैं, त्यों-त्यों मन में ऐसी जड़ जमा लेते हैं कि इनसे छुटकारा पाना मुश्किल होता जाता है। ये विकार व्यवहार में इस प्रकार घुल-मिल जाते हैं कि स्वभाव में प्रकट होने लगते हैं और अंततः आदत ही बन जाते हैं।

सबसे अहम बात है कि हम यह भूल जाते हैं कि हमारे विचार ही हमारे जीवन की दिशा निर्धारित करते हैं। सफलता-असफलता, सुख-दुख, उत्थान-पतन, खुशी-गम सभी हमारे अपने विचारों की देन है। अतः बेहद आवश्यक है कि यदि आपके विचार नकारात्मक हैं तो आज ही प्रण लेकर उन्हें सदा के लिए बदल डालिए, उन्हें पवित्र तथा रचनात्मक बनाइए और जीवन को सफल बनाइए।

आपने अपने जीवन में बहुत कुछ देखा, सुना व सीखा होगा। आपकी ही तरह मैंने भी अपने जीवन में बहुत कुछ देखा, सुना व सीखा है।

अपने अनुभव से मैंने यही पाया है कि कुछ लोग संकट आ पड़ने पर और भी सबल हो जाते हैं व फिर और अधिक समझदारी के साथ धैर्य रखते हुए और अधिक कठिन परिश्रम करते हैं। इसके विपरीत कुछ लोग ऐसे भी होते हैं जो जहां जाते हैं, वहीं भय की भावना, खतरे का ख्याल, दुख का विचार फैलाते हैं। वे हमेशा चिंता और भय का विष फैलाते रहते हैं। अपने मन की निराशा और चिंता का दूषित प्रभाव दूसरों पर भी डालते रहते हैं। अपनी बात पर जोर देकर कहते हैं कि हमारा जीवन ही कष्ट पाने, दुख भोगने के लिए हुआ है। इसलिए चिंता करना और भयग्रस्त रहना ही हमारा भाग्य है।

अब आप ही सोच कर देखिए कि क्या यह विचार, यह धारणा उचित है? क्या ऐसे विचारों वाला व्यक्ति जीवन में कभी उन्नति कर सकता है।

निःसंदेह आपका उत्तर 'नहीं' में होगा।

यदि वास्तव में आपका उत्तर 'नहीं' है, तो फिर आपको खुद को जानना होगा। पहचानना होगा अपने आपको और अपने मन में नकारात्मक विचारों की जगह साहस, शौर्य, आत्मविश्वास और दृढ़ता प्रदान करने वाले उन्नतिशील विचारों की स्थापना करनी होगी। यही आपकी प्रकृति की असली पहचान है।

इस संदर्भ में यहां आपके लिए कुछ व्यावहारिक सुझाव प्रस्तुत हैं–

- ☞ चिंता, भय, संदेह और निराशा से ग्रस्त मनःस्थिति में आप सही निर्णय नहीं कर सकते। उचित एवं ठोस निर्णय केवल तभी लिए जा सकते हैं, जब मन निर्मल, संतुलित व शांत हो। उस समय जो योजनाएं बनाई गई हों–केवल उन्हीं को क्रियान्वित करने का प्रयत्न करें।

- ☞ शक-संदेह, भय अथवा क्रोध की स्थिति में मानसिक शक्तियां बिखर जाती हैं। उस समय मन एकाग्र न रहने के कारण गलत निर्णय होते हैं। अतः अच्छे विचारों को अपनाकर आप निराशा, क्रोध, ईर्ष्या, द्वेष आदि के विकृत विचारों को मन से दूर करने में सफलता प्राप्त कर सकते हैं। इससे आपके जीवन के निर्णयों में मानसिक शक्तियों का योगदान बढ़ जाएगा।

स्वामी विवेकानंद जी ने कहा है-

जीवन में मेरी सर्वोच्च अभिलाषा यही है कि एक ऐसा चक्र परिवर्तन कर दूं जो उच्च एवं श्रेष्ठ विचारों को सबके द्वार-द्वार पहुंचा दे और फिर स्त्री-पुरुष अपने-अपने भाग्य का निर्माण स्वयं कर लें।

---●---

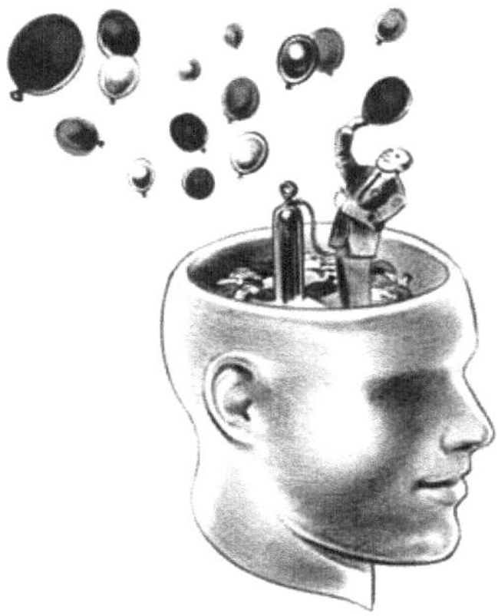

सफलता मांगती है समर्पण

✍ जो व्यक्ति अपने-आपको पूर्णतया एक विचार के प्रति समर्पित कर देता है, वह अवश्य ही उसे प्राप्त करता है और यदि उसमें योग्यता है तो उसकी सफलता निश्चित होती है।

महाकवि गेटे के शब्दों में–

> **तुम्हें पूरी तरह 'वहीं' होना चाहिए। तुम्हें 'उसके' लिए सोचना है, 'उसके' लिए योजना बनानी है, 'उसके' लिए काम करना है, 'उसके' लिए जीना है, 'उसमें' अपना मन, शक्ति, ऊर्जा, हृदय तथा आत्मा-सब कुछ लगा देना है, सफलता स्वयं आकर तुम्हारे गले में जयमाला डालेगी।**

आज वही व्यक्ति सफल हैं, जिनके जीवन में कभी कोई एक महत्वपूर्ण विचार रहा है। इस विचार के लिए वे समर्पित रहे, इसके लिए वे जिएं, इसके लिए उन्होंने दिन-रात सूझबूझ के साथ कठोर प्रयास

किया। हजारों परेशानियों व असफलताओं के बावजूद वे विचलित नहीं हुए, बल्कि उसे साकार करने में हमेशा जुटे रहे।

जब तक इस प्रकार की समर्पण की भावना मन में नहीं होगी, तब तक आप पूर्ण सफलता नहीं पा सकते। आपके लिए आवश्यक है कि आप उन रास्तों को चुनें, उन विचारों को अपने मन-मस्तिष्क में जगह दें, जो आपको आपके विचार की सफलता की ओर ले जाते हैं।

यदि हम अपने विचार को अपना सर्वस्व मानकर, वाणी द्वारा बराबर प्रकट करते रहें, उसी के बारे में सोचें, उसी के बारे में चर्चा करें और उसे सूझबूझ के साथ साकार करने का प्रयत्न करें—तो जल्द ही हम उसे प्राप्त करके रहेंगे।

असल में, इसका रहस्य यह है कि वाणी द्वारा प्रकट करते रहने से हमें उसके बारे में लगातार सोचने का अवसर मिलता है। इस प्रकार एक चित्र हमारे सामने स्पष्ट होता जाता है और उसी की प्राप्ति के लिए हम अपनी संपूर्ण शक्ति लगा देते हैं। फिर एक दिन उस उद्देश्य को पा भी लेते हैं, उस स्वप्न को भी पूरा कर लेते हैं, जिसे साकार करने की आग हमें सोने ही नहीं देती।

इसलिए बार-बार अपने लक्ष्य का ध्यान कीजिए। जब ऐसा करना आपका स्वभाव बन जाएगा, तो आप और शीघ्र ही सफलता प्राप्त कर सकते हैं।

लक्ष्य निर्धारण और फिर उसकी प्राप्ति के लिए सूझबूझ के साथ प्रयास ही सफलता की सर्वोच्च कूंजी हैं, लेकिन इसका प्रयोग वही कर सकता है जिसकी दृष्टि और कर्म में केवल और केवल उसका लक्ष्य बसा हो।

''वे जीत ही जाएंगे, जिन्हें यह विश्वास होगा कि वे जीतेंगे।''

याद रखें –

☞ यदि आपका आदर्श श्रेष्ठ है, तो जीवन भी श्रेष्ठ होगा।

☞ यदि आपका आदर्श सुन्दर है, तो आपका जीवन भी सुन्दर होगा।

☞ हमारी आन्तरिक भावना हमारे जीवन में प्रत्यक्ष प्रकट होकर ही रहती है। जो भाव हर समय हमारे मन में रहता है, बेशक उसे हम अपने चेहरे पर प्रकट होने से रोक लें। लेकिन हम जिन विचारों का समर्थन करते हैं, उन्हीं विचारों के अनुरूप हमारा जीवन बनता है। अतः हमारा कर्त्तव्य हो जाता है कि हम निरंतर अपने विचारों में श्रेष्ठता और उदारता लाएं। तभी हम निरंतर उन्नति की ओर बढ़ सकते हैं। दृढ़ निश्चय कीजिए, संकल्प कीजिए–

- ***मैं अपने मन को सदा आशा और विश्वास से भरा रखूंगा।***
- ***मैं अपने सभी कार्यों को हमेशा सकारात्मक सोच, उत्साह और पूरी निष्ठा के साथ परिपूर्ण करूंगा।***
- ***मैं जो भी काम करूंगा, उस पर उत्तमता की, श्रेष्ठता की गहरी छाप होगी।***

वाल्मीकि जी ने रामायण में कहा है –

"कर्म करके अपना परिचय दो, न कि मुख से बड़ाई करके। जिसमें पौरूष है, वही वस्तुतः वीर कहलाता है।"

मेरा भी आपसे यही कहना है कि अपने भीतर किसी एक उन्नत विचार को लगातार पोषण दें। उसे साकार करने के लिए सूझ-बूझ के साथ कार्ययोजना बनाएं। और इस कार्ययोजना को अमल में लाने के लिए पूरी तरह से समर्पित हो जाएं।

याद रखिए-

आपकी सफलता आपके कर्मों की कसौटी पर तय होनी है, उसे समाज के किसी भी अन्य मापदंड से मापना बेमानी है।

---●---

सफलता किसी भी व्यक्ति को बिना कीमत चुकाए नहीं मिलती, इसकी कीमत चुकानी ही पड़ती है। अगर आपको सफलता चाहिए, तो अभी से आपको उसकी कीमत चुकानी ही पड़ेगी, परिश्रम करना ही पड़ेगा। यदि आप ऐसा नहीं करते, तो मत कीजिए, आपकी मर्जी अभी आप ऐश करें, मजे लें, जिसकी कीमत आपको बाद में चुकानी पड़ेगी। फैसला आपका है कि आप क्या चाहते हैं।

–सूर्या सिन्हा

हर सफल आदमी की सबसे पहली व बड़ी पूंजी होती है–उसके विचार। उस पर ही अंततः उसका साम्राज्य खड़ा होता है।

–सूर्या सिन्हा

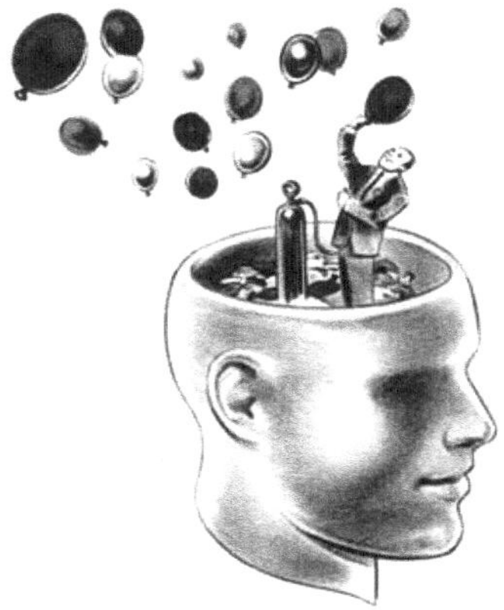

आत्मशक्ति को बढ़ाएं

✍ कुछ लोग जीवन भर इस नकारात्मक विचार के साथ जीवन गुजार देते हैं कि वे शक्तिहीन हैं अथवा उनकी शक्तियों की एक सीमा है। जिनके मन में यह विचार जम गया है, वे आज दुखी हैं। इसी विचार ने उनकी लक्ष्य प्राप्त करने की शक्ति को कमजोर किया हुआ है। इसी विचार ने उनकी योग्यता को नष्ट कर दिया है। इससे उन्हें दुखद असफलताओं का सामना करना पड़ता है, अभावों में जिंदगी काटनी पड़ती है और चारों ओर उनकी जगहंसाई होती है। ऐसे नकारात्मक विचार रखने वाले लोगों ने बदकिस्मती को खुद निमंत्रण देकर बुलाया है। स्वयं को शक्तिहीन समझने की भावना मन की एक असाध्य बीमारी है, जिसके परिणाम सदा ही बुरे होते हैं।

जब-जब आत्मबल का ह्रास होता है, तब-तब व्यक्ति पिछड़ता है और पिछड़ते-पिछड़ते अंततः वो इतना पिछड़ जाता है कि गुमनामियों के गर्त में खो जाता है।

युग पुरूष स्वामी विवेकानन्द जी ने कहा है–

"वस्तुतः आत्म हत्यारा वह नहीं है, जो खुदकुशी कर लेता है अपितु वह है जिसने अपने आपको नहीं जाना है क्योंकि अपने आपको न जानना स्वरूप-दृष्टि से स्वयं को मार लेना है।"

कहीं आप भी तो ऐसा नहीं कर रहे? मुझे पूरा विश्वास है कि आपका जवाब है 'नहीं'। इसलिए मैं अब आपसे आगे की बात कहता हूं।

हमेशा ऊंचे विचारों को अपने मन में स्थान दें, हमेशा ऐसा सोचें कि आप एक कामयाब और काबिल-ए-जिक्र हस्ती बनने के लिए पैदा हुए हैं।

अब सवाल यह उठता है कि आप अपने भीतर छिपी असीम शक्तियों को कैसे जानें व अपनी आत्म-शक्तियों का विस्तार कैसे करें?

तो इसके लिए आपको आत्मविश्लेषण का थोड़ा समय निकालना पड़ेगा। आप चाहते हैं कि यह काम जल्द और ज्यादा सुलझे तरीके से किया जा सके तो मेरी लिखी एक पुस्तक आपकी बहुत मदद कर सकती है–'स्वयं को जानें'। यह पुस्तक पढ़कर ना सिर्फ आप स्वयं को जान लेने की तकनीक सीखेंगे बल्कि एक सफल व सक्षम व्यक्ति बनने में भी सफलता हासिल करेंगे। फिर भी मैं कुछ विशेष सूत्र आपसे कहूंगा जो आपके इस काम को सरल कर देंगे।

☞ अपनी कमियों के बारे में स्वयं व अपने खास मित्रों-परिचितों से पूछताछ करके सूची बनाइए।

☞ अपनी कमियों को अपनी शक्तियों व क्षमताओं के बूते समाप्त

करने के लिए कार्ययोजनाएं बनाएं।

- ☞ अपने आत्मविश्लेषण को पूरी कोशिश करके ईमानदारी भरा एवं तथ्यपरक रखने का प्रयास करें।
- ☞ आत्मविश्लेषण के परिणामों की भी सूची बनाइए और उनको विशेष समझ रखने वाले अपने खास मित्रों-शुभचिंतकों से चेक करवाते रहिए।

सफलता या खुशी पाने के लिए आपको वैसा ही माहौल बनाना पड़ेगा, उन्नतिशील विचारों का ताना-बाना बड़ी सूझबूझ से बुनना होगा। बड़े-बड़े सपने देखने होंगे और फिर इन्हें साकार करने के लिए कमर कसनी होगी।

लेकिन इस सबके बावजूद इस बात का भी ख्याल रखें कि-

''केवल दूसरों के द्वारा अपनी निंदा सुनकर स्वयं को निंदित न समझें। स्वयं को जानें, फिर निर्णय लें। लोगों का क्या है, वे कुछ भी कहने के लिए स्वतंत्र हैं।''

---●---

निराशा की अग्नि व्यक्ति के विचार और कर्म, दोनों को दोनों ओर से जलाती है और जो व्यक्ति सकारात्मक विचारों का दामन थाम लेता है उसका भाग्य हमेशा बुंलन्दियों को छूता है।

–सूर्या सिन्हा

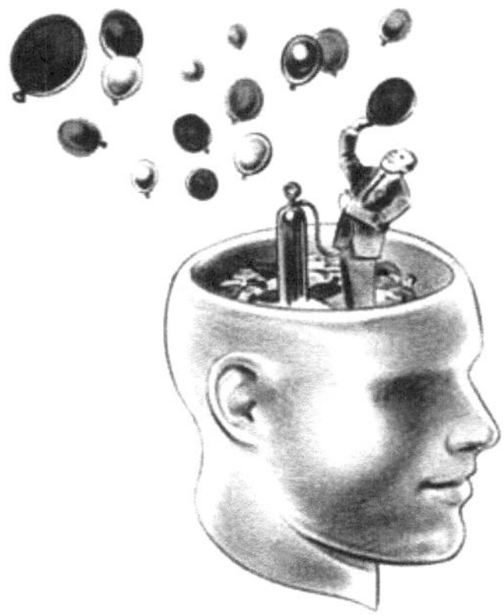

नकारात्मक विचारों से छुटकारा पाएं

✍ एक पुरानी कहावत तो आपने सुनी ही होगी - ***कोई भी व्यक्ति दो नावों पर पांव रख कर आगे नहीं बढ़ सकता।***

ऐसे ही मैं भी यह कहना चाहता हूं कि ***कोई भी व्यक्ति एक ही समय में दो रास्तों पर नहीं चल सकता।*** किसी भी मुकाम पर पहुंचने के लिए आपको एक ही रास्ता चुनना पड़ेगा। यह आपकी सूझबूझ पर निर्भर करता है कि आप लम्बा, उबाऊ, थका देने वाला रास्ता चुनते हैं या छोटा, मन की रूचिवाला और सहूलियत भरा। इसी प्रकार यदि आपके मन में संदेह है तो वहां विश्वास नहीं होगा। ऐसा नहीं होगा कि किसी स्थिति, कार्य या लक्ष्य को लेकर आपके मन में संदेह भी हो और यह विश्वास भी कि आप परिस्थितियों को जीत लेंगे या कार्य को पूरा कर लेंगे अथवा लक्ष्य पर पहुंच जाएंगे।

जब तक आप अपने मस्तिष्क से **'नहीं कर सकता'**, **'नहीं हो सकता'** या **'असंभव है'** जैसे शब्द नहीं निकाल देंगे, तब तक उन्नति नहीं कर सकते, शक्तिशाली नहीं बन सकते। जब तक आपके मन में

यह विचार जमा रहेगा कि मैं दुर्बल हूं, अयोग्य हूं, तब तक आप दुर्बल और अयोग्य ही बने रहेंगे। संसार की कोई शक्ति आपके मौजूदा हालात को नहीं बदल सकती, जब तक कि आप स्वयं अपने विचारों में बदलाव न लाएं।

अधिकतर लोगों के जीवन में उन्नति न होने की वजह एक प्रकार से निराशा का भाव है। ये जीवन को एक स्थायी संकट मानते हैं। वे जीवनभर असंतुष्ट और निराश रहते हैं। हर काम में संदेह करना उनकी आदत बन जाती है। अगर आप उनके भले के लिए बात करेंगे या किसी अच्छे व उज्ज्वल कार्य के लिए सलाह देंगे तो वे उसमें भी संदेह करेंगे कि आप अपने स्वार्थ के लिए उन्हें बरगला रहे हैं। यही कारण है कि ऐसे व्यक्ति जीवन में कभी प्रसन्न नहीं रह पाते। ऐसे लोग अपने दूषित विचारों से, अपनी बुरी आदतों से दूसरों को भी उत्साहहीन बनाते हैं। अपने दुर्बल विचारों से वे उन्हें भी प्रभावित करते हैं जो लोग इनके संपर्क में आते हैं और इनमें उनके परिजन, मित्रबन्धु ही अधिक होते हैं।

जिन लोगों के जीवन में निरंतर दुख, निराशा और संकट रहता है उन्हें न तो कभी सुख-चैन ही मिल पाता है और न ही संतुष्टि। वे अपने जीवन में कभी कोई उल्लेखनीय काम नहीं कर पाते और असफलता उनका भाग्य बन जाती है। ऐसे ही कुछ लोग जीवन की विषम घटनाओं को अपने दुर्भाग्य का प्रतीक मान लेते हैं। वे दुखों, संकटों, गलतियों और दोषों को हमेशा अपने जीवन में लिपटाए रहते हैं। वे किसी गलती, संकट, दोष, दुख या असफलता से कोई सबक न लेकर उसकी एक मार्मिक कहानी बना लेते हैं और फिर हर मिलने-जुलने वाले, हर संबंधी, यहां तक कि अपरिचितों को भी वे अपनी दुःखद कहानियां सुनाकर अपने प्रति सहानुभूति बटोरने की कोशिश करते हैं।

ऐसे लोगों को स्वामी विवेकानंद के यह शब्द हमेशा याद रखने चाहिए-

पीड़ाएं और चिंताएं तुम्हें इसलिए सता रही हैं क्योंकि तुम भाग रहे हो । जैसे ही तुम स्थिर होते हो और सामना करने के लिए तैयार हो जाते हो तो फिर हर तरह का भय, दुख, निराशा और संकट स्वयं भाग खड़े होते हैं। अगर तुम संघर्ष करने का मन बना लो तो फिर देखो चमत्कार।

क्या आप यह चमत्कार अपने जीवन में घटित होते देखना चाहते हैं? यदि हां, तो तैयार हो जाइए। भाग्य का सूर्य आपके सिर पर चमकने के लिए तैयार है। अपनी आंखें खोलनी हैं।

---●---

आपका एक सकारात्मक विचार आपके लिए हजारों सम्भावनाओं के द्वार खोल सकता है।

–सूर्या सिन्हा

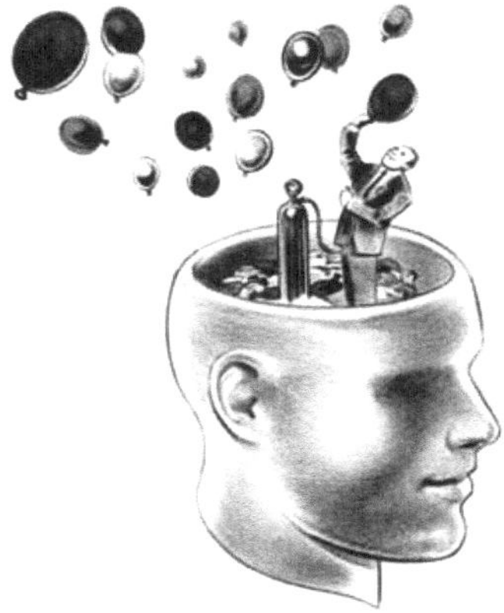

हमेशा सीखते रहें

✍ मैंने देखा है कि कुछ लोग यदि अपने किसी एक कार्य में असफल हो जाते हैं तो वे उसी को अपना भाग्य मान लेते हैं। जिस किसी एक गलत राह पर वे चल पड़े थे और असफल हुए थे, वे बार-बार बिना किसी तैयारी के, बिना स्वयं में कोई परिवर्तन किए उसी रास्ते पर चलते रहते हैं और लगातार असफल होते रहते हैं। अपनी कमियों व गलतियों को जानने का प्रयास नहीं करते और ना ही कुछ नया सीखने की इच्छा रखते हैं।

बेशक इंसान मात्र गलतियों का पुतला है। हमसे अनगिनत बार गलतियां होती हैं। कई बार हम अपना लक्ष्य चुनने में गलती करते हैं और असफल होते हैं तो कभी कोई और गलती कर बैठते हैं। ***लेकिन हमें चाहिए कि तुरंत हम उस रास्ते को छोड़ दें। अगली गलती से बचने का सर्वश्रेष्ठ उपाय यही है।***

जो लोग स्वयं का सही आकलन ना करके अपने जीवन का लक्ष्य चुनने में गलती कर चुके हैं या फिर किसी फालतू काम में समय व्यतीत

कर रहे हैं, उन्हें आप उस रास्ते को छोड़ने की सलाह देंगे तो वे पूछेंगे–

"फिर क्या करें?"

उत्तर होता है–"कोई दूसरा काम करो।"

उनका जवाब–'और दूसरा कोई काम आता ही नहीं।'

सलाहकार–'तो सीखो।'

वे इस सलाह को यह कहकर खारिज कर देते हैं कि –

'अब कुछ नया सीखने का समय कहां है।'

'अब कुछ नया सीखने की उम्र कहां है।'

ध्यान दें–मैं पहले ही इस बात को स्पष्ट कर आया हूं कि सीखने की कोई उम्र नहीं होती। बस इंसान में सीखने की लगन होनी चाहिए।

एक जापानी ने 80 वर्ष की उम्र में जर्मन भाषा सीखी और फिर कई जर्मनी पुस्तकों का जापानी भाषा में अनुवाद किया ताकि उसके देश के युवाओं को नया ज्ञान मिल सके। उनकी अपने देश के युवाओं को कुछ सिखाने व कुछ सार्थक देने की लगन ने उस उम्र में भी उनको समाज के हित के लिए सामने ला खड़ा किया जब लोग अपनी अन्तिम यात्रा की तैयारी में गुमनामी की चादर ओढ़े पड़े रहते हैं।

उपरोक्त उदाहरण में एक ओर काम की बात छुपी है। वह यह है कि–

अगर आपका उद्देश्य अच्छा होगा तो आप असंभव को भी संभव करके दिखा सकते हैं।

जहां तक समय की बात है, लोगों के पास समय की कमी नहीं होती। वे यह समय दूसरों को अपनी असफलता की कहानियां सुनाने में जाया कर सकते हैं। अपनी बदनसीबी का रोना रोने में जाया कर सकते हैं, लेकिन उस समय को कुछ नया करने में, कुछ नया सीखने में नहीं लगा सकते। हमारे देश के अधिकांश लोग इस रोग से ग्रस्त हैं। यह निकम्मापन उनके जीवन को घुन की तरह खा रहा है, लेकिन वे चेतते नहीं।

अगर वास्तव में जीवन का आनन्द लेना है तो उठो, जागो, कुछ नया करो, नया सीखो, नया सोचो। यही है सुख-आनन्द का मूलमंत्र।

याद रखें:

जो निम्न कोटी के विचारों में लीन है, वह नर्क में गर्क है। जो उच्चे आनन्द दायक विचारों में लीन हैं, वह स्वर्ग का सुख यहीं, इसी क्षण उपयोग कर रहा है।

---●---

किसी एक विचार के लिए पूर्ण समर्पण ही उसकी पूर्ण सफलता को सुनिश्चित कर देता है।

–सूर्या सिन्हा

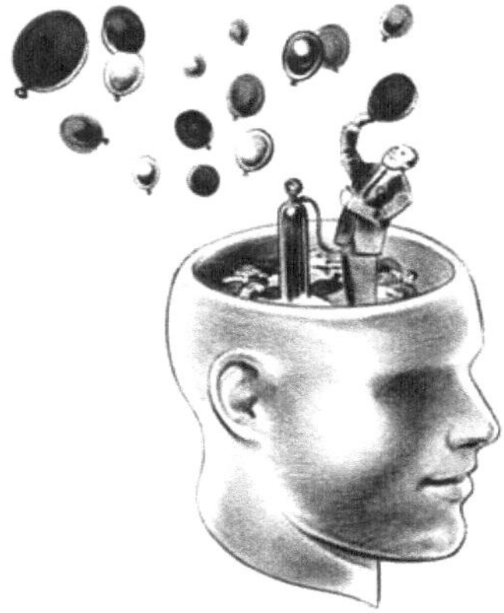

अहम छोड़ें आगे बढ़ें

✍ लोगों के कुछ नया सीखने में जो सबसे बड़ी बाधा है, वह है उनका अहम। अहम उन्हें झुकने नहीं देता और बिना झुके, बिना विनम्र बनें, आप कुछ सीख नहीं सकते।

दोस्तों इसलिए कभी यह न भूलें कि विनम्रता वह गुण है जो व्यक्ति को ग्रहणशील बनाता है और जीवन के मूल्यवान सूत्र सीखने लायक बनाता है।

मगर कुछ लोग अपने अहम के कारण कुछ सीख नहीं पाते। उन्हें हमेशा यही लगता है कि वे दुनिया में सबसे ज्यादा समझदार हैं और वे पहले से ही सब कुछ जानते हैं। उन्हें कोई क्या सिखा पाएगा और उनका यही भ्रम उन्हें कुछ भी सीखने नहीं देता या फिर वे यह सोचते हैं कि सिखाने वाला उम्र में मुझसे छोटा है या औकात में कम है। इसी सोच के कारण उन्हें यह भी भय होता है कि अगर वह कुछ सीखने जाते हैं तो उन्हें सिखाने वाले के सामने छोटा होना पड़ेगा। मगर उन्हें यह आभास नहीं हो पाता कि किसी से कुछ सीख कर वह छोटे नहीं

बल्कि कुछ अनुभवी, गुणी व बड़े ही बनेंगे। मगर उनमें सीखने की ललक व विन्रमता होती ही नहीं, जिस कारण ऐसे लोग एक कुएं के मेंढक की तरह हमेशा यही समझते रहते हैं कि वे दुनिया के सबसे बड़े जलाशय में रह रहे हैं। ये लोग अपने अहम से बेशक खुद को विजयी मानें पर जीवन के मैदान में वे हमेशा पराजित रहते हैं।

कई विश्वविख्यात विचारकों का एक ही मत है कि –

"यदि किसी सामान्य व्यक्ति के पास भी कोई हुनर हो तो बुद्धिमान को चाहिए कि वह उसे अपना गुरू मान कर उससे वह हुनर सीखे।"

इसलिए अहम के स्थान पर यदि आप अपने मन में विनम्रता को स्थान देंगे तो सीखने की भावना और ललक आपके मन में स्वयं पैदा हो जाएगी।

जब आपके मन में कुछ नया करने, कुछ नया सीखने की भावना जाग जाती है तो आपकी सोच में भी जबरदस्त परिवर्तन हो जाता है। आपके विचारों में क्रान्ति आ जाती है, आपकी सोच में गहराई आ जाती है। आपका व्यक्तित्व प्रभावशाली होकर निखर उठता है। आपके आत्मविश्वास में तेजी से वृद्धि होती है और आपका हौसला किसी विजेता जैसा हो जाता है।

याद रखें:

जो विनम्र होता है, वही पाता है।

किसी लचीली वस्तु को मोड़कर आप उसे कोई भी रूप दे सकते हैं, मगर वहीं किसी कठोर चीज को नया रूप देने की या मोड़ने की

कोशिश करें तो वह टूट जाती है, इसलिए लचीले बने। बड़ी सफलता पाने के लिए आपमें प्रर्याप्त लचीलापन होना चाहिए।

किसी विद्वान ने एक बहुत सुलझी हुई बात कही है–

"समझदार व्यक्ति ठोकर लगने पर सीख लेता है। बुद्धिमान बिना ठोकर खाए दूसरों के अनुभव से सीख लेता है, मगर मूर्ख ठोकर लगने के बाद भी नहीं सीखता।"

अब यह आपकी मर्जी है कि आप कुछ नया और अच्छा सीखना चाहते हैं या नहीं, आप अपने निर्णय के लिए स्वतंत्र हैं।

एक संत का मत इसे और स्पष्ट कर देगा। वे कहते हैं–

"आप स्वतंत्र हैं कुछ भी बनने के लिए। अपनी आन्तरिक शक्तियों के बल पर आप चाहें तो अपने जीवन को दिव्य बना सकते हैं और चाहें तो दयनीय। आप पूर्ण स्वतंत्र हैं। अपने विचारों, सूझबूझ, विश्वास, निष्ठा एवं लगन के द्वारा आप चाहे तो अपने लिए एक स्वर्ग का निर्माण कर सकते हैं और चाहें तो नर्क का। यह सब आपके अधिकार क्षेत्र में है।"

मेरी आपको विनम्र सलाह यही है कि अहम को त्यागें और कुछ नया सीखने का संकल्प पैदा करें। अहम ने आपको बदतर स्थिति में रखने का षड्यंत्र किया हुआ है, आप चाहें तो बड़ी सरलता से इसे नकार कर कुछ सार्थक सीखने के लिए आगे बढ़ सकते हैं।

यहां मैं विश्वविख्यात विचारक एवं चिंतक ईमर्सन का यह वक्तव्य अवश्य आपके सामने रखना चाहूंगा। आप स्वयं देखिये कि इतने बड़े विचारक के भी सीखने के संदर्भ में क्या विचार हैं, क्या दृष्टिकोण है-

> **''जिन-जिन व्यक्तियों से मैं मिलता हूं, वे किसी न किसी रूप में मुझसे श्रेष्ठ होते हैं और इस तरह मैं उनसे हमेशा कुछ न कुछ सीख पाता हूं।''**

---●---

भूलकर भी मूर्खों व नकारात्मक सोचवाले लोगों से नहीं मिलना चाहिए, क्योंकि उनसे मिलने के बाद अगर आप समझदार हैं तो गधे दिखाई देंगे और अगर आप नासमझ हैं, तो आप और भी ज्यादा निकम्मे तथा मूर्ख दिखाई देंगे।

–सूर्या सिन्हा

आप अपने विश्वास की चाबी से,
अपने विकास के अद्‌भुत द्वारों को
आसानी से खोल सकते हैं।

–सूर्या सिन्हा

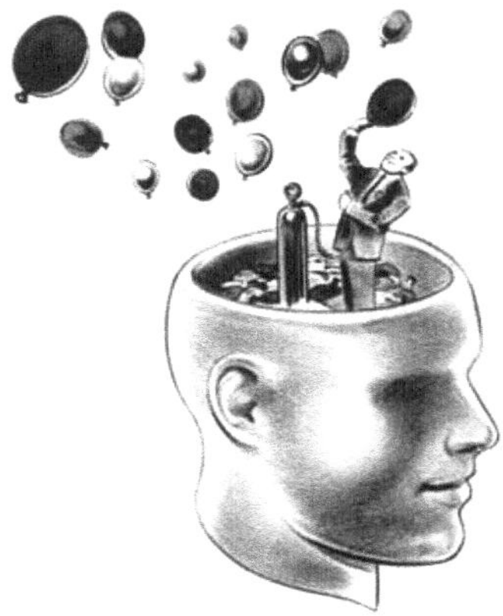

आत्मविश्वास खोलता है द्वार कई

✍ प्रसिद्ध धर्म-ग्रंथ बाइबल में लिखा है-**"व्यक्ति के मन में जैसा विश्वास और श्रद्धा होगी, उसे वैसा ही फल मिलेगा। विश्वास और श्रद्धा ही व्यक्ति की सबसे बड़ी पूंजी है। "**

दोस्तों! विश्वास, श्रद्धा और लगन ऐसी महान शक्तियां हैं जो किसी व्यक्ति को सफलता के शिखर पर पहुंचा सकती हैं। लेकिन यह शक्तियां भी व्यक्ति में तभी जागृत हो पाती हैं, जब उसके विचारों में सकारात्मकता हो। सकारात्मक विचारों वाला व्यक्ति ही अपनी योग्यता पर विश्वास कर पाता है।

स्वयं की योग्यता पर विश्वास व्यक्ति की बाहरी और भीतरी, सभी शक्तियों को जागृत कर देता है।

जरा सोचिये कि विश्वास क्या नहीं कर सकता- विश्वास हमें अथाह सागर के बीच से होकर ले चलता है और समय पर गगन चुम्बी पहाड़ों को लांघने में भी सरलता अनुभव कराता है- जी हां, यह विश्वास की शक्ति।

2008 के ओलंपिक में जो अभिनव बिन्द्रा की जीत हुई, दरअसल वो उसकी अपनी योग्यता पर विश्वास की जीत पहले है। उनका विचार शुरू से ही एक विजेता की भांति **मैं जीत सकता हूं और मुझे जीतना है** का रहा। इस विश्वास ने ही बिन्द्रा को विश्वविजेता और सबका चहेता बना दिया।

विश्वास में एक ऐसी दृष्टि है, जो सौभाग्य के उस छोटे से बिंदु को भी देख सकती हैं जिसे हमारी आंखें नहीं देख पाती। यह वरदान हमारे अंदर होता है, लेकिन हमें उसका ज्ञान नहीं होता। मगर उसे उसका ज्ञान अवश्य होता है, जिसे स्वयं पर विश्वास होता है।

विश्वास हमारे शरीर के भीतर एक आध्यात्मिक गुरू की भांति रहता है और वह जीवन भर हमें प्रेरणा और उत्साह तो प्रदान करता ही है साथ ही साथ हमारा मार्गदर्शन भी करता रहता है।

विश्वास हमें हमेशा अपनी मौजूदगी का अहसास कराता रहता है, वह कहता है–'आगे बढ़ो-बढ़ते चलो।'

वह हमें कभी हतोत्साहित नहीं करता।

अतः यदि आप सफलता चाहते हैं और जीवन में कुछ बनना चाहते हैं तो अपने विश्वास को जगाएं। अपने आप पर भरोसा रखें। मेरा दावा है कि सफलता आपके कदम चूमेगी।

किसी भी कार्य में सफलता के लिए मन में यह भावना होनी अत्यंत आवश्यक है कि–मैं यह काम कर सकता हूं।

यह आत्मविश्वास हमें वह रास्ता दिखाता है, जिस पर चलकर हम अपनी मंजिल पर पहुंचते हैं।

यह विश्वास ही वह शक्ति है जो हमें बड़े-से-बड़ा काम करने के लिए प्रेरित करती है।

मैं कुछ लोगों को अक्सर ऐसा कहते सुनता हूं–

'अगर मुझमें योग्यता होती, तो मैं इस काम को निश्चय ही कर डालता और सारे संसार को आश्चर्यचकित कर देता।'

'अगर मुझमें यह गुण होता, तो इस काम को कर पाना मेरे लिए बहुत आसान हो जाता।'

यह बिल्कुल गलत धारणा है। योग्यता से पहले आवश्यकता होती है—कार्य को करने की भावना की। इच्छाशक्ति की। यदि आपमें कार्य करने की इच्छा ही नहीं होगी तो योग्यता क्या कर लेगी?

मैंने ऐसे कई युवकों को देखा है जिनमें कार्य करने की इच्छा थी, लेकिन योग्यता नहीं थी। वे चल पड़े उस काम को करने के लिए और गलतियों से सबक ले-लेकर उस कार्य को करने के योग्य भी हुए। ऐसे भी युवक हैं जो योग्यता होते हुए भी काहिली की चादर ओढ़े पड़े रहते हैं।

आपमें कुछ अच्छा कर गुजरने की भावना होनी चाहिए, साथ ही स्वयं पर पूर्ण विश्वास होना चाहिए- ये दो बेशकीमती नगीने हैं जो किसी के भी सर पर ताज लगाने के लिए पर्याप्त हैं।

याद रखिए:

गुण और योग्यता सबमें होती है, लेकिन विश्वास की भावना और कार्य करने की इच्छा सभी में नहीं होती है।

अगर आपको स्वयं पर विश्वास है, कार्य करने के इच्छुक हैं, आपके विचार सकारात्मक हैं तो आपको महत्वपूर्ण कार्य करने के अनेक अवसर प्राप्त होते रहेंगे। लेकिन अगर आपके मन में विश्वास की भावना नहीं है, कार्य करने की इच्छा और विचारों में सकारात्मकता नहीं है तो

आपको कभी कोई अवसर प्राप्त नहीं होगा; क्योंकि इन गुणों के अभाव के कारण आपके पास वह दृष्टि ही नहीं होगी जो अवसरों को पहचाने, वह तत्परता ही नहीं होगी जिससे अवसरों को लपककर उनसे लाभ उठाया जा सकता है। इस प्रकार आप जहां हैं, जैसे हैं, वहां और वैसे ही रहेंगे। कोई क्रान्तिकारी, काबिल-ए-जिक्र बदलाव आपके जीवन में आएगा ही नहीं।

याद रखिएगा-

''विश्वास उन शक्तियों में से एक है जो मनुष्य को जीवित रखती है, विश्वास का अभाव ही जीवन का अंत है।''

---●---

यदि आपसे किसी ने कहा कि आप फलां काम नहीं कर पाएंगे, तब वैसे समय में यदि आपने ठान लिया कि आप उस काम को कर दिखाएंगे और आपने उसे कर दिखाया, तो उस कार्य को पूरा करने की जो खुशी आपको मिली, वह आपके जीवन की सबसे बड़ी खुशी होगी।

–सूर्या सिन्हा

प्रकृति से हमें सुख-दु:ख उसी अनुपात में मिलते हैं जिस अनुपात में हम समाज को देते हैं।

—सूर्या सिन्हा

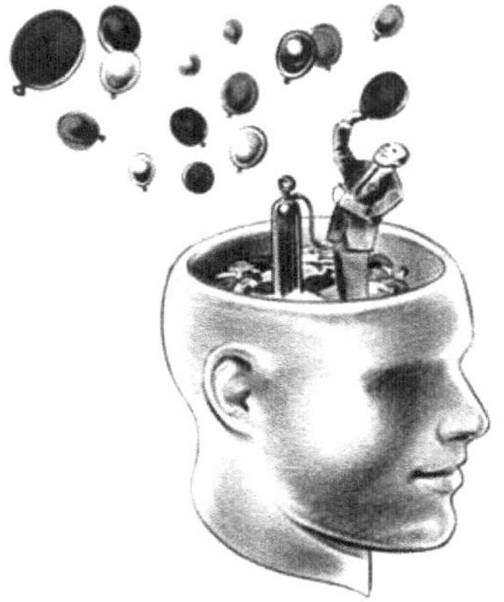

सोचिए: मनुष्य जन्म क्यों

✍ क्या आपने कभी अपने विषय में ठीक से सोचा है? क्या कभी सोचा है कि आपका जन्म किसलिए हुआ है। आप क्या हैं, क्या कर रहे हैं? आप इस समय क्या हैं? आपको क्या बनना है? क्या आप वर्तमान जीवन से संतुष्ट हैं?

जहां तक जीवन गुजारने की बात है तो पशु भी अपना जीवन गुजार लेते हैं? लेकिन सोचिए, आपमें और पशु में क्या अन्तर है? आप पशु नहीं, इंसान हैं। फिर एक स्थान पर बैठे-बैठे केवल पेट भरने को ही क्यों जीवन मान बैठते हैं। हम सब जानते हैं कि एक दिन यह नश्वर शरीर मृत्यु को प्राप्त हो जाएगा। परंतु आत्मा अमर है, उसे सम्मान देने के लिए आपको अपने जीवन में कुछ ऐसा करना है जो यादगार हो। यादगार तब होगा जब आप कुछ ऐसा करेंगे जो न केवल आपके लिए बल्कि पूरी मानवता के लिए अच्छा हो।

स्वामी विवेकानन्द जी ने कहा है–

"उठो और काम में लग जाओ। यह जीवन भला है कितने दिन? जब तुम इस संसार में आए हो, तो कुछ चिन्ह छोड़ जाओ, अन्यथा तुममें और पशुओं में अन्तर ही क्या? वे भी जन्म लेते हैं, जीवन गुजारते हैं और मर जाते हैं।"

गम्भीरतापूर्वक सोचें कि आपको क्या करना है, आप क्या करने जा रहे हैं? अपने जीवन की राह स्वयं चुनिए। यदि आपको लगता है कि अमुक रास्ते पर चलकर आप कामयाब हो जाएंगे तो अपने अन्दर मजबूती लाइए। अपने विचारों को दृढ़ कीजिए। आपको किसी से सलाह लेने की कोई आवश्यकता नहीं है। आप अपनी आत्मा से पूछिए, वह स्वयं ही आपको बता देगी कि आपको क्या और कैसे करना है? आप स्वयं अपनी जिम्मेदारी समझकर प्लानिंग करें।

सबसे पहले अपने विषय में नहीं, दूसरों के विषय में सोचिए कि दूसरों को आप क्या दे सकते हैं? सबके भले की भावना के विचार मन में रखिए। देने की भावना ही पाने का मूल स्त्रोत है। जब आपमें देने की भावना होती है तो आपमें और पशु में स्वयं अन्तर आ जाता है। आप श्रेष्ठ हो जाते हैं। पशु केवल अपना पेट भरता है, यह गुण प्रभु ने मनुष्य को ही दिया है कि वह समाज को भी दे सकता है। मनुष्य होकर भी जो दूसरों के हित की बात नहीं सोचता, तो वह पशु समान ही है।

स्मरण रहे:

"जो कुछ हम दूसरों को देते हैं, वास्तव में वह सब हम अपने आपको ही देते हैं, क्योंकि

हमारा दिया हुआ ही हमें वापस मिलता है। दूसरों को दुख देने की भावना से हमें दुख मिलता है, यदि हम दूसरों के सुख की कामना करते हैं तो हम स्वयं सुखी होते हैं। दूसरों की सफलता की भावना हमें भी सफलता की ओर अग्रसर करती है। इस प्रकार के सकारात्मक विचार हमें श्रेष्ठ से श्रेष्ठतर बना देते हैं।"

विचारों को लगातार तराशते रहिए

व्यक्ति को चाहिए कि अपने मन में उत्पन्न सकारात्मक विचारों को निरन्तर तराशता रहे। तराशे हुए विचार शक्तिशाली होते हैं और शक्तिशाली विचार ही साकार रूप लेते हैं। विचारों की उत्पत्ति मन में होती है। फिर वह साकार होता है, सामने आता है। हमारे विचार जिस प्रकार के होते हैं, वैसा ही हमारा व्यवहार होता है। जीवन को बनाना या बिगाड़ना हमारे अपने हाथ में है और इसका पूरा दारोमदार हमारे विचारों पर है।

नकारात्मक विचारों वाले व्यक्ति का जीवन कभी भी सुखमय नहीं हो सकता। अपना लक्ष्य पाने के लिए सकारात्मक व उन्नतिशील विचार बनाइए और सूझबूझ से अपना कार्य करते रहिए। इस प्रकार आप अवश्य ही सफल होंगे।

और अन्त में –

"जीवन का वट वृक्ष विचार शक्ति पर ही निर्भर करता है। मनुष्य जैसा सोचता है, वैसा

ही बन जाता है, सभी प्रकार के कार्यों का कारण उसके विचार ही हैं। वह संत बने या डाकू, उसके विचार ही उसे उस ओर ले जाते हैं। वह स्वयं उसी के अनुसार बाहरी वातावरण तैयार करता है। यदि मनुष्य अपने विचारों में परिवर्तन कर ले तो उसकी पूरी दुनिया ही बदल जाए।"

---●---

सकारात्मक विचारों का जादू

(व्यावहारिक अभ्यास)

खंड-2

अच्छे विचारों को अगर व्यवहार में लाया जाए तो वे सर्वोत्तम विचार बन जाते हैं और उनसे महान कार्यों की शुरुआत हो जाती है।

–सूर्या सिन्हा

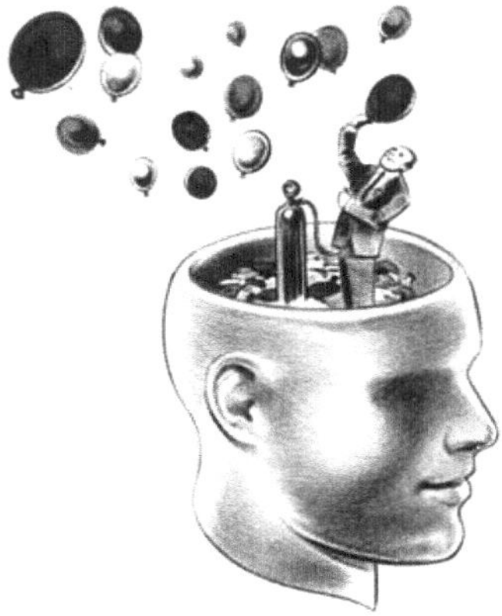

विचारों में ही छिपी होती है सफलता-असफलता

✍ दोस्तों, सफलता-असफलता व्यक्ति के विचारों में बसती है। यदि हमारे मन में सफल होने की भावना है और हम उसके लिए ईमानदारी से प्रयास भी करते हैं तो हमें सफल होने से कोई नहीं रोक सकता। किन्तु यदि हमारे विचारों में असफलता ही पसरी हुई है और हम सफल होने के लिए हाथ-पैर मारते रहें तो भी दुनिया की कोई ताकत हमें सफलता नहीं दिला सकती।

लेकिन हम सबके सामने यही बहुत बड़ा सवाल है कि वर्तमान में हम सफलता की ओर बढ़ रहे हैं या असफलता की ओर।

हालांकि इसका फैसला कठिन नहीं है। हम स्वयं इसे बड़ी आसानी से कर सकते हैं। अपने मन को टटोलकर जब हम अपने हृदय में बसे भय, शंका, दुविधा जैसे विकारों से मुक्त होकर अपने आत्मविश्वास को जगा लेते हैं, तो निःसंदेह हम सफलता की ओर बढ़ रहे होते हैं। जिसका

आत्मविश्वास जाग जाता है, उससे सफलता ज़्यादा दूर नहीं होती। जो अपने मन को असफलता के विचारों से मुक्त कर लेता है, जो अपने मन की कमजोरियों पर विजय पा लेता है, वह जीवन में कभी भी, किसी भी क्षेत्र में असफल नहीं हो सकता।

---●---

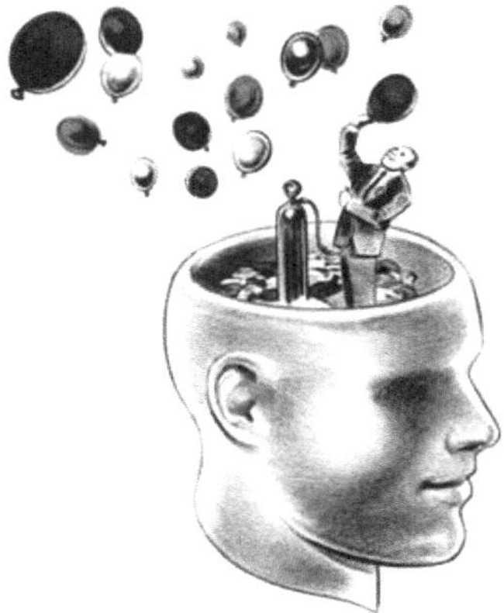

जुड़े सही लोगों से

✍ हमें चाहिए कि जिस प्रकार हम प्रतिदिन अपने घर की सफाई करते हैं, उसी प्रकार अपने मन को प्रतिदिन साफ करते रहना चाहिए, तभी हमारी प्राकृतिक शक्तियां विकासशील बनी रहेंगी।

जीवन सफर में हर रोज, हर किसी के साथ कोई-ना-कोई नई घटना अवश्य घटती है जिस कारण कई तरह के अच्छे व बुरे विचारों का भी मन में जन्म होता है। ऐसे में अगर आपने अपनी सूझबूझ का प्रयोग करके केवल सकारात्मक विचारों को ही महत्व दिया तो तब नकारात्मक अथवा दूषित विचार आपके मन में घुसपैठ नहीं कर पाएंगे। लेकिन यदि आपने किसी छोटे से भी नकारात्मक विचार को मन में जगह दे दी तो वह सभी सकारात्मक विचारों को उसी प्रकार गंदा कर देगा, जैसे कोई सड़ा हुआ फल बाकी अच्छे फलों को सड़ा देता है। इसलिए मन में सकारात्मक, आशापूर्ण, उन्नतिशील, मिलनसारिता के विचारों को इस कदर भर लीजिए कि किसी छोटे से नकारात्मक विचार की मन में घुसने की गुंजाइश ही न बचे।

इसे सार रूप में यूं समझ सकते हैं:–

“कोई भी सकारात्मक आशावादी और प्रगतिशील व्यक्ति जीवन में ऐसे लोगों की संगत भूलकर भी ना करें जो बुरी आदतों के शिकार हों, जिनके विचार निराशावादी हों, जो सूर्य की रोशनी में भी आंखे बंद करके अंधेरा-अंधेरा चिल्लाते हों।

इसलिए:

हमेशा सकारात्मक आशावादी और प्रगतिशील विचारधारा के लोगों से ही जुड़े रहें ताकि सौभाग्य का प्रभात जीवन में खिला रहे।”

---●---

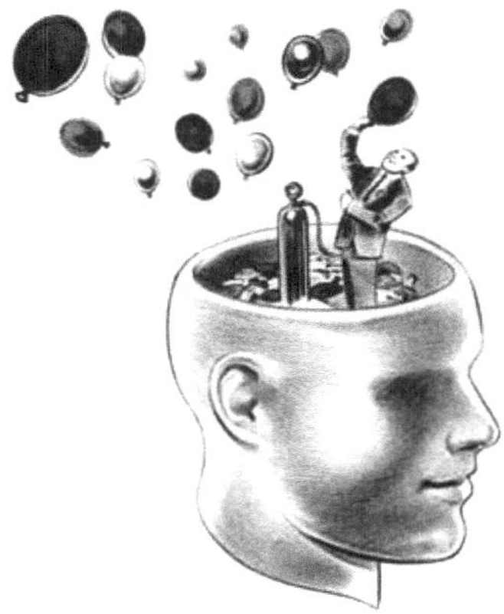

फैसले की घड़ी

✍ भय, शंका अथवा निराशा की स्थिति में लिए गए निर्णय कभी सही नहीं हो सकते।

सही निर्णय केवल उसी समय लिए जा सकते हैं जब मन निराशा, क्रोध, ईर्ष्या, द्वेष अथवा भय आदि नकारात्मक भावों से ग्रस्त न हो। इसलिए किसी भी महत्वपूर्ण या संवेदनशील विषय पर भय, क्रोध अथवा चिन्ता की स्थिति में निर्णय न लें। इसके लिए सर्वकालिक सूत्र यही है कि व्यक्ति को चाहिए कि वह उन्हीं योजनाओं को क्रियान्वित करे जो उस समय बनाई गई हों, जब उसका मन शांत रहा हो।

इसका वैज्ञानिक पहलू यह है कि उत्तेजना की स्थिति में हम किसी भी कार्य से जुड़े कई पहलुओं पर विचार नहीं कर पाते। इससे जो भी कार्ययोजना बनती है उसमें भूल या सुधार के कई छेद छूट जाते हैं। फलस्वरुप, हमें मात खानी पड़ती है।

हमेशा अपने पक्ष में परिणाम लेने के लिए सही समय का चयन करें। सही समय वही होता है जब आपने अपनी समस्या या उद्देश्य पर

शांतिपूर्वक बैठकर सभी कोणों से विचार कर लिया हो। सही समय पर आया विचार ही सफलता की कुंजी बनता है।

जब आपका निर्णय सही होता है तब आपका मन विश्वास से भर जाता है। यदि निर्णय सही है तो वहां रत्ती भर भी शंका नहीं होगी। एक पल के लिए भी आपके मन में यह विचार नहीं आएगा कि कहीं मेरा निर्णय गलत तो नहीं? लेकिन जब आपका निर्णय गलत होगा, तो आपका मन आपको बार-बार चेताएगा। कई प्रकार की शंकाएं आपके सामने प्रस्तुत करेगा और आप असमंजस की स्थिति में पड़ जाएंगे। बस-आपका निर्णय सही है या गलत, इस नतीजे पर पहुंचने का यही एक सूत्र है और इसे आप जीवन में कभी ना भूलें।

---●---

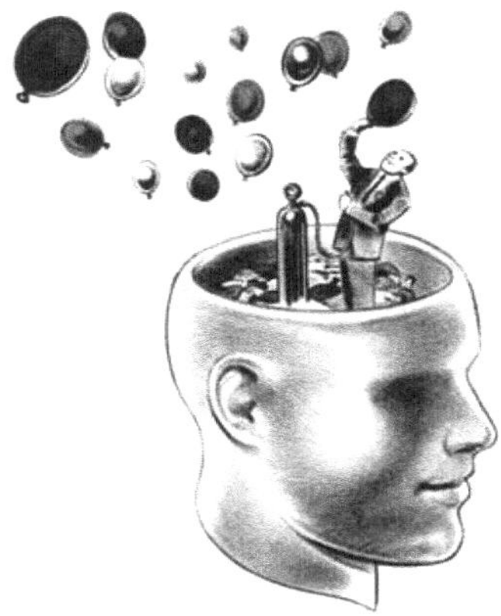

एक हों – मन, कर्म, वचन

✍ व्यक्ति की सफलता या असफलता में मन, कर्म व वचन तीनों की विशेष भूमिका होती है। व्यक्ति के मन में जो होगा, उसके कर्म भी उसी प्रकार के होंगे और वाणी भी वैसी ही होगी।

किसी के मन में यदि अच्छे विचार होंगे तो उसकी झलक उसके कार्यों में भी दिखाई देगी, उसकी वाणी में भी दिखाई देगी। जिसके मन में बुरे व नकारात्मक विचार होंगे तो उसके कर्म और वाणी से भी यह प्रकट हो जाएगा। इसलिए यदि हम सफलता के इच्छुक हैं तो हमें अपनी सोच को श्रेष्ठ बनाने के लिए सदैव सजग, सक्रिय एवं सचेष्ट रहना होगा।

हमें अपनी सोच को सदैव अच्छा बनाने का प्रयास करना चाहिए ताकि हमारी वाणी और कर्म, दोनों श्रेष्ठ हो सकें। इससे हम सफलता के पथ पर सदा अग्रसर हो सकेंगे। क्या आपको यह असम्भव या कठिन लगता है? एक बार दोबारा विचार करें तो पाएंगे कि यदि हम चाहें तो यह राह आसानी से पकड़ सकते हैं, इसके लिए आवश्यकता है स्वयं पर संयम और अनुशासन की।

---●---

जैसा हम चाहते हैं, वैसा नहीं देख पाते तो हम लक्ष्य पाने से चूक जाते हैं।

–सूर्या सिन्हा

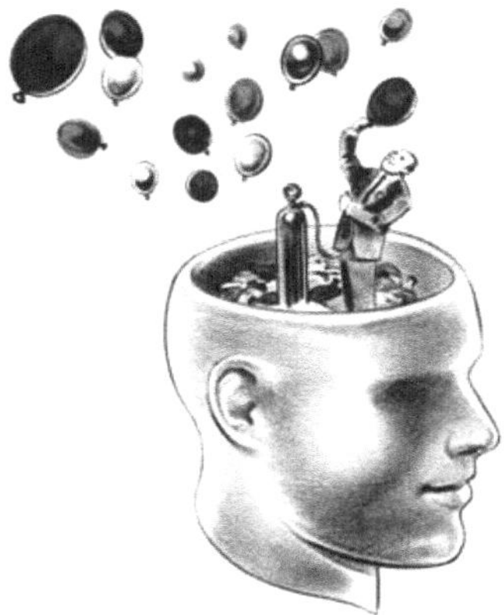

सही निशाना साधें

✍ इच्छाएं और अभिलाषाएं भला किसके मन में उत्पन्न नहीं होती? सुखों की चाह किसके मन में नहीं होती?

संसार का कोई ऐसा सुख नहीं है, जिसके लिए मनुष्य लालायित न हों। लेकिन क्या इनकी प्राप्ति भी इतनी ही सरल है?

क्या इच्छा मात्र से सुख और सफलता प्राप्त हो जाती है?

बेशक आपको अच्छा न लगे पर इसका जवाब है– नहीं।

सफलता और सुखों की प्राप्ति के लिए सतत संघर्ष करना होता है, सूझ-बूझ से कठोर परिश्रम करना होता है। आत्मविश्वास, साहस और बुद्धि से प्रयत्न करना होता है।

हमारी कोई भी इच्छा, कोई भी अभिलाषा तब तक पूरी नहीं हो सकती जब तक कि हम प्रयत्न न करें। प्रत्येक इच्छा-पूर्ति का मूल्य चुकाना होता है और इसका मूल्य स्पष्ट है-ईमानदारी व सूझबूझ से किए गए प्रयत्न। सूझबूझ से निर्णय लेकर जब आप अपनी किसी इच्छा की पूर्ति के लिए प्रयत्न करेंगे तो आपकी इच्छित वस्तु, पद या मुकाम

आपको अवश्य ही प्राप्त होगा।

आपका लक्ष्य सदैव आपकी आंखों के सामने होना चाहिए और आपको अपने उस लक्ष्य की प्राप्ति में ऐसे डूब जाना चाहिए जैसे अर्जुन ने जब द्रौपदी स्वयंवर में मछली की आंख में तीर मारने की परीक्षा दी तो उनकी आंखों के आगे पूरा संसार सिर्फ उस मछली की आंख में सिमट आया था।

---●---

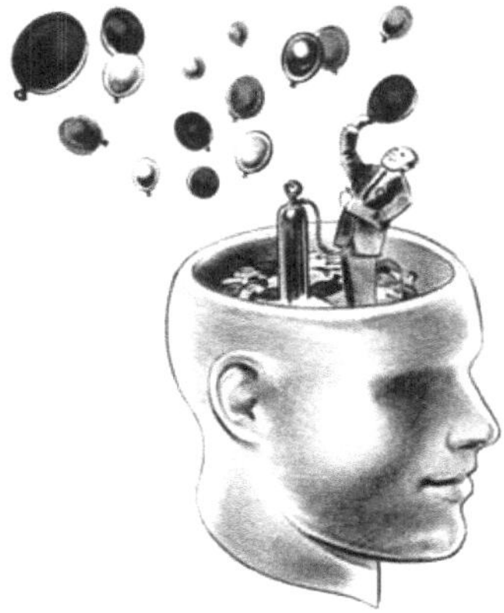

स्वयं पर रखें विश्वास

✍ दूसरे लोग भले ही आपको अयोग्य समझते हों, लेकिन आप ऐसा मत सोचिए। किसी भी संदेह को मन में स्थान मत दीजिए और विश्वास रखिए कि आपमें पूरी योग्यता है।

अपने विश्वास की इस धारणा को निरंतर बढ़ाते रहिए, दृढ़ करते रहिए और निरंतर हर समय अपने मन-ही-मन दोहराते रहिए—"मैं प्रत्येक कार्य कर सकता हूं, मेरे लिए कुछ भी करना संभव तथा आसान है, असंभव शब्द में संभव छिपा हुआ है, मैं योग्य, शक्तिमान और सामर्थ्यवान हूं।"

इन शब्दों को दोहराते-दोहराते अगर आप सच्ची निष्ठा के साथ सूझबूझ से प्रयत्न करेंगे तो एक दिन आप अपने अंदर छुपी सभी शक्तियों को पहचान लेंगे व अपनी अंतरात्मा तक पहुंच जाएंगे और अपनी अदृश्य तथा सोई हुई शक्तियों को जगा कर आश्चर्यजनक शक्तियों के स्वामी बन जाएंगे।

अगर आपको अपनी योग्यता पर विश्वास है तो दूसरों की राय भी

आपके संबंध में अच्छी रहेगी। उनके मन में भी आपके प्रति विश्वास की धारणा पैदा होगी। याद रखिए- आत्मिक तथा मानसिक शक्ति से अधिक प्रभावशाली और कोई बात नहीं।

परमपिता परमात्मा ने हम सभी को इस धरती पर कुछ महत्वपूर्ण एवं महान कार्यों को करने के लिए भेजा है। इसलिए परमात्मा चाहते हैं कि हम उन कार्यों को सम्पन्न करें। याद रहे दोस्तों! जो महान कार्य आप कर सकते हैं, उस महत्वपूर्ण कार्य को दुनिया का और कोई दूसरा व्यक्ति नहीं कर सकता। आपका जन्म सिर्फ छोटे-मोटे कामों को करने के लिए नहीं बल्कि कुछ विशेष महत्वपूर्ण कार्यों को करने के लिए भी हुआ है। इसलिए विश्वास न हारे, हौंसला ना खोयें, आगे बढ़ें और उस कार्य का पता करें जिसे सम्पन्न करके आप कीर्ति अर्जित करेंगे। सबसे बड़ी बात, आपको यह भी मानना होगा कि आपको जहां पहुंचना है, वहां पर कोई दूसरा नहीं पहुंच सकता। इसलिए आपको अपने हृदय में हमेशा यह आशा और विश्वास बनाए रखना है कि आप एक-न-एक दिन अवश्य ही उन महान एवं महत्वपूर्ण कार्यों को पूरा कर दिखाएंगे।

यहां मैं यही कहना चाहता हूं कि प्रत्येक व्यक्ति को मन में यह विश्वास रखना चाहिए कि उसका जन्म किसी महत्वपूर्ण एवं महान कार्य को करने के लिए हुआ है। ऐसा महत्वपूर्ण एवं महान कार्य करने के लिए जिसे दुनिया का दूसरा कोई व्यक्ति नहीं कर सकता इसलिए उसे इसके लिए हमेशा तैयार रहना चाहिए।

---●---

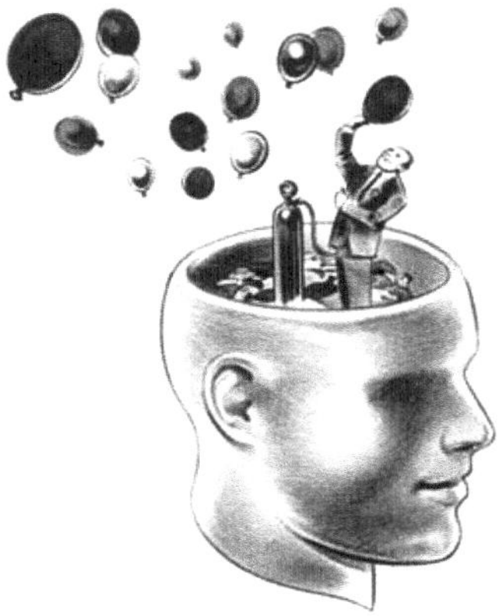

कल्पना के पंख फैलाएं

✍ मनुष्य का मस्तिष्क वह यंत्र है जहां मनुष्य कल्पना करता है और फिर उस पर कार्य का विचार करता है। उसके बाद विचारों का जन्म होता है। यह किसी भी व्यक्ति का बिल्कुल निजी मामला है कि अपने मस्तिष्क से वह किस प्रकार की कल्पना करता है और किस प्रकार के विचारों को जन्म देता है।

शुभ एवं आशावादी विचार व्यक्ति को हर प्रकार की खुशी, शान्ति, सफलता, प्रसन्नता, शक्ति, सामर्थ्य, सम्पदा आदि प्रदान करने में ठीक वैसा ही कार्य करते हैं जैसा कार्य कोई जादुई चिराग करता है।

चूंकि विचार ही जीवन को सफल बनाते हैं इसलिए जिन लोगों ने सफलता प्राप्त की है आप उनकी जीवनगाथा पढ़िए। तब आपको पता चलेगा कि वे कैसे सफल हुए। इन सफल लोगों में एक बात आपको समान रूप से मिलेगी और वह है– विचारों में दृढ़ता। वे अपने मन में पहले दृढ़ विचारों को लाए, उसके अनुसार उन्होंने परिश्रम किया, तब कहीं जाकर एक लम्बे संघर्ष के बाद उन्हें सफलता मिल पाई।

आप किसी भी स्तर पर उनसे हीन नहीं हैं। आवश्यकता है प्रेरणा की। जब कोई दूसरा आगे बढ़ सकता है, तब आप क्यों नहीं बढ़ सकते? जन्म से तो कोई उन्नति का ताज पहनकर आता नहीं है, उसके संघर्ष तथा प्रयास ही उसे उल्लेखनीय उपलब्धि दिलाते हैं। आपका आदर्श उचित और सफल होना चाहिए। जैसा आपका आदर्श होगा, आपके प्रयास भी वैसे ही हो जायेंगे। सफल जीवन जीने के लिए सदैव सफल आदर्श, सद्विचार और श्रेष्ठ भावनाओं को महत्व दें।

हमेशा सुनहरे भविष्य की कल्पना कीजिए क्योंकि सकारात्मक सोचना सर्वोत्तम है। लेकिन केवल सकारात्मक सोच या कोरी कल्पना से ही काम नहीं चलेगा। आवश्यकता है कल्पना करके उसे साकार रूप दिया जाए। सफलता तभी मिलेगी जब आप अपनी कल्पना की तस्वीर में रंग भरेंगे।

आज तक जितने भी आविष्कार हुए हैं कल्पना के बाद ही उनका आविष्कार हुआ। चाहे वो टी.वी. हो, कंप्यूटर हो, मोबाइल फोन हो या हो कोई हवाई जहाज। ये सभी चीजें पहले आविष्कारकों ने अपनी कल्पनाओं में देखी थी। उसके बाद ही उन्होंने इसे साकार रूप दिया।

अल्बर्ट आइंस्टीन ने भी कहा है कि कल्पना ज्ञान से अधिक शक्तिशाली होती है इसलिए आप भी सुनहरे भविष्य की कल्पना करें और आगे बढ़ें।

जो लोग अपने अच्छे विचारों को प्रयोग में नहीं लाते, उनके वही विचार केवल उनके अधूरे स्वप्न बनकर रह जाते हैं।

---●---

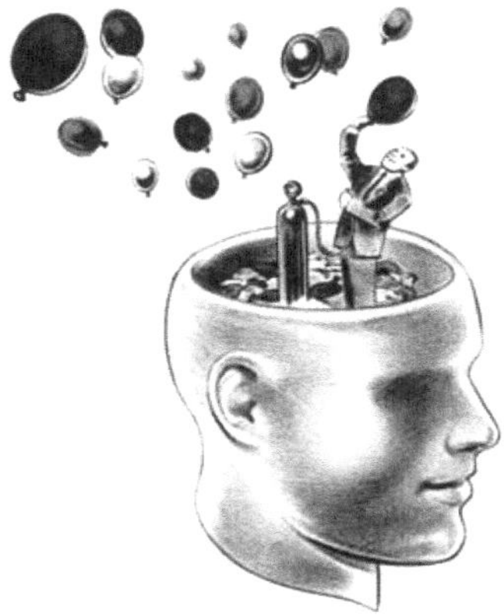

सपने है संजोने

✍ इच्छाएं व्यक्ति को आगे बढ़ने के लिए प्रेरित करती हैं। जो इच्छाएं पालता है और फिर उनकी पूर्ति के लिए सतत प्रयास भी करता है, वही आगे बढ़ जाता है। जिसकी कोई इच्छा ही नहीं, उसका जीवन समाप्त हो गया समझना चाहिए क्योंकि इच्छारहित जीवन स्थिर हो जाता है और वह केवल अपने हिस्से की सांसों को लेकर छोड़ने और फिर चुपचाप इस दुनिया से विदा हो जाने जैसा है।

कुछ लोग इच्छाएं तो करते हैं, लेकिन उनकी पूर्ति में जो संघर्ष करना पड़ता है, उनसे घबराकर वे अपनी इच्छाओं का गला घोंट देते हैं और संतोष मिलने का नाटक करते हैं। हालांकि संतोष नाम का कोई गुण उनमें नहीं होता, वे केवल दिखावा करते हैं, भीतर से अशान्त बने रहते हैं, गाहे-बगाहे ईश्वर और भाग्य को कोसते रहते हैं। अपनी इच्छा को लेकर वे संघर्ष नहीं करते, मन से प्रयास नहीं करते और जीवन भर कुढ़ते रहते हैं, जीवन भर अशान्त रहते हैं।

अंग्रेज पादरी आर. हेबर के अनुसार–

इच्छाओं का दमन करने से नहीं, अपितु उन्हें पूर्ण करने से शान्ति प्राप्त होती है।

यदि आप सुख-समृद्धि, शान्ति और सफलता पाना चाहते हैं तो मन में कुछ कर गुजरने, कुछ अनोखा हासिल करने की इच्छा अपने मन में जागृत कीजिए। हमेशा नई-नई अभिलाषाएं पैदा कीजिए। यह सोचकर एक ही परिस्थिति में रहकर रोते न रहिए कि ईश्वर ने आपके भाग्य में इतना ही लिखा है। ईश्वर कभी अन्याय नहीं करता, उसने सबको एक जैसा बनाया है, सबको काम करने के लिए दो हाथ, आगे बढ़ने के लिए दो पैर, देखने के लिए दो आंखें, सुनने के लिए दो कान, सूंघने के लिए एक नाक और सूझबूझ के साथ कार्य करने के लिए एक मस्तिष्क दिया है। और सबको बराबर का समय भी दिया है।

अब आवश्यकता है इसके सही उपयोग की। अब निर्णय लीजिए कि आपको अपने जीवन में क्या बनना है और संजो लीजिए खूबसूरती व सूझबूझ से महान बनाने वाले सपनों को।

इच्छाएं करने, सपने देखने और उन पर सूझबूझ तथा परिश्रम से अमल करने के कारण ही आज मानव संसार भर के प्राणियों में सर्वश्रेष्ठ माना गया है। विचारों, सपनों और इच्छाओं ने ही विकास को गति दी है।

---●---

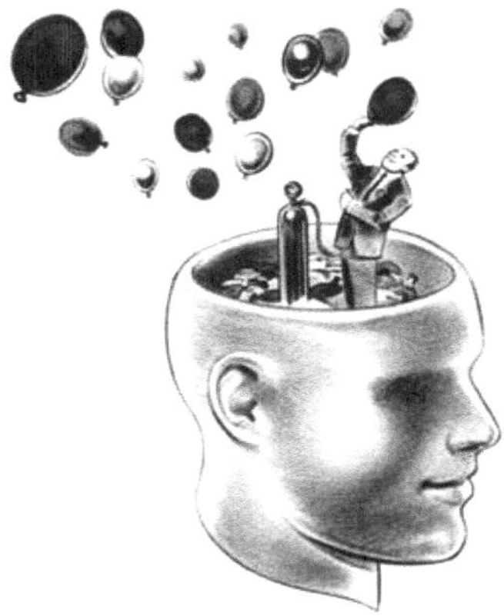

प्रकृति से प्रेरणा लें

✍ यदि आपको प्रेरणा लेनी है, आगे बढ़ना है तो प्रकृति की ओर देखिए। प्रत्येक कार्य के लिए प्रकृति का निश्चित नियम है, निश्चित समय है। यदि प्रकृति के नियमों में, किसी प्रकार की अनिमियतता आ जाए तो मनुष्य प्राकृतिक आपदाओं का शिकार हो जाता है।

प्रकृति को असंतुलन पसंद नहीं है। उसका एक सिस्टम है, एक टाइम टेबल है। सतत विकास की एक प्रक्रिया है। प्रत्येक विकास उचित समय पर ही सम्भव है। इसका सबसे अच्छा उदाहरण वनस्पति जगत है। पहले बीज पड़ता है, उसके बाद अंकुर, फिर पौधा, फिर वृक्ष, फूल, फल ... आदि। एक बीज उचित वातावरण और समय मिलने पर ही वृक्ष का रूप लेता है। यदि उसे समय और सही वातावरण न मिला तो बीज सड़ जाएगा और उसके बाद चाहे कितने ही प्रयास क्यों न किए जाएं, वह फिर विकसित नहीं होगा। इसी प्रकार जब हमारे कार्य, प्रयत्न, विचारों आदि में असंतुलन आता है तो हम असफल होते हैं। अशान्त होते हैं, दुखी होते हैं और अन्त में निराश होकर निष्क्रिय हो जाते हैं। इसलिए

प्रकृति को गुरू बनाकर हम प्रतिपल उससे सीखें। विचार का बीज ऐसी धरती पर बोएं जिसपर हमने पहले से परिश्रम किया हो। फिर बीज को सही समय पर खाद-पानी देते रहें ताकि उसका पोषण भली भांति हो सके। मजबूत पौधा बनने तक उसको समय के विषैले दांतों से भी बचाना हमारा कर्त्तव्य है। जब वो सशक्त पेड़ बन जाता है तो उसके फूलों व फलों को कुपात्रों के हाथों से बचाना हमारा उत्तरदायित्व बन जाता है। ऐसे ही अपने परिश्रम व ज्ञान के फल-फूलों को हमें सहेजना होगा।

---●---

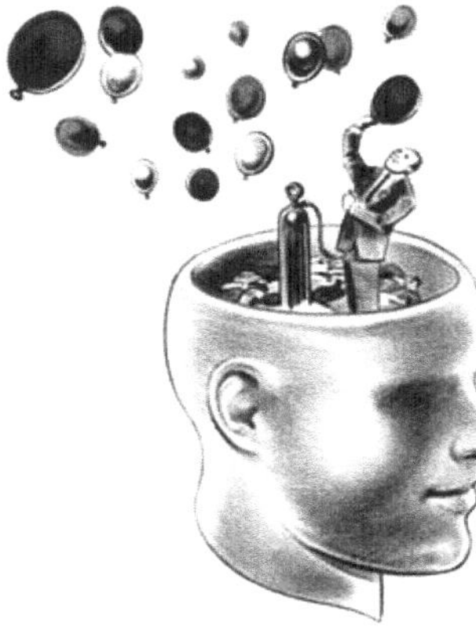

विचार और व्यक्तित्व

✍ कुछ लोग अच्छे वस्त्र पहनकर, अच्छा मेकअप करके, अच्छा हेयर स्टाइल बनाकर दूसरों पर अपने व्यक्तिव का प्रभाव जमाने की चेष्टा करते हैं। इसके पीछे उनकी यह सोच काम करती है कि इससे सामने वाले उन्हें प्रभावी और प्रतिभाशाली समझेंगे और दूसरों पर उनका अच्छा प्रभाव पड़ेगा, लेकिन ऐसा होता नहीं है। केवल शानदार कपड़े पहनने अथवा पढ़ी-सुनी विद्वतापूर्ण बातें करने से व्यक्तित्व नहीं बनता। वास्तविक व्यक्तित्व बनता है आपके विचारों से। आपका चेहरा ही आपके व्यक्तिव और आपके विचारों का आईना है। अच्छे, सात्विक और सकारात्मक विचारों वाले व्यक्ति का रंग-रूप कैसा भी क्यों न हो, एक ओज-सा, एक कान्ति सी उसके चेहरे पर दिखाई देती है। आंखों में एक अजब सी चमक होती है, जो किसी को भी अपनी ओर आकर्षित कर सकती है।

इसके विपरीत गंदे, तामसिक और नकारात्मक विचारों वाले व्यक्ति का चेहरा कितना ही खूबसूरत क्यों न हो, वह कांतिहीन होता है। उसकी

आंखों में हमेशा धूर्तता, मक्कारी, अविश्वास और भय सा समाया रहता है। ऐसा व्यक्ति अपने को कहीं-न-कहीं अपराधी समझता है। वह सामने वाले से आंखें मिला कर बात नहीं कर सकता। इससे सिद्ध होता है कि विचार न केवल व्यक्ति का बल्कि व्यक्तित्व का भी निर्माण करते हैं।

याद रखें, वे भावनाएं दिव्य होती हैं जो आपकी कार्यशक्ति को प्रोत्साहित करती हैं। अपनी विचार शक्ति, भावनाओं व कल्पनाओं के कारण ही मनुष्य संसार के अन्य प्राणियों से श्रेष्ठ है। यदि मनुष्य के मन में कल्पना व विचार शक्ति न होती, तो वह इतनी उन्नति नहीं कर सकता था। आज अपनी इस कल्पना और विचारशक्ति के बल पर ही वह आकाश में उड़ानें भर रहा है। नाना प्रकार के आविष्कार उसने केवल कल्पनाओं और विचारशक्ति के बल पर किए हैं। प्रत्येक वस्तु की रचना विचारों के द्वारा ही हुई है। विचारों के बिना कुछ भी नहीं होता है। विचारों का ही प्रभाव व्यक्ति के कार्यों पर पड़ता है। जिस प्रकार के विचार होंगे, वैसे ही व्यक्ति के कार्य होंगे। अच्छे विचारों वाला हमेशा अच्छे काम करेगा और बुरे विचारों वाला हमेशा बुरे काम करता नजर आएगा। विचारों से ही व्यक्ति के व्यक्तित्व का निर्माण होता है। व्यक्तित्व ही से व्यक्ति अपने जीवन का निर्माण करता है।

---●---

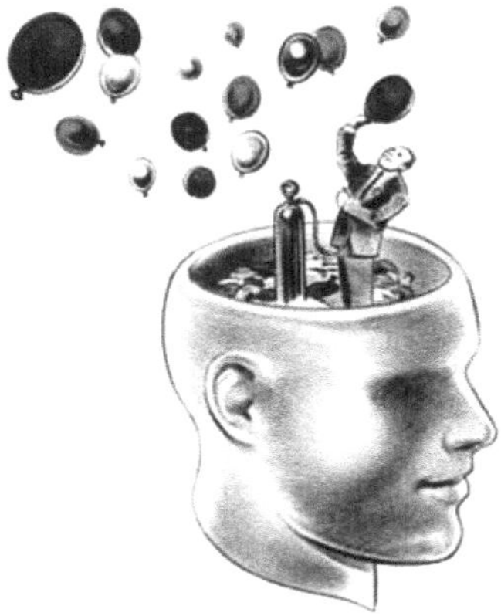

लक्ष्य पाने का सूत्र

✍ लक्ष्य प्राप्ति का तरीका बेहद सरल है। लेकिन इसके लिए जो प्रक्रिया है उसका पालन करने से ही कार्य सम्भव हो पाता है। सबसे पहले किसी वस्तु या लक्ष्य को पाने का विचार आपके मन में आता है। उस लक्ष्य या वस्तु को आप हासिल कर पाते हैं या नहीं, यह दो बातों पर निर्भर करता है। ये हैं-आपके विचार की प्रबलता एवं पाने की इच्छा की तीव्रता।

जब आपका विचार प्रबल और पाने की इच्छा तीव्र होती है तो उस विचार को मूर्त्तरूप देने या किसी वांछित वस्तु को पाने के लिए आपकी तीनों शक्तियां कार्य करती हैं–मन, वचन और कर्म।

मन से इच्छा, इच्छा से विचार और विचार से कर्म और कर्म के साथ जब वचन या प्रतिज्ञा मिलती है तो अवश्य ही वह वस्तु मिल जाती है।

जब हम किसी वस्तु या लक्ष्य प्राप्ति की इच्छा प्रकट करते हैं, तो इस इच्छा से उत्पन्न विचारों के साथ हमारा संबंध उस वस्तु या लक्ष्य

से जुड़ जाता है। जितनी ही तीव्र इच्छा उसे पाने की होती जाएगी, आपका संबंध उतनी ही मजबूती से उस (लक्ष्य या वस्तु) से जुड़ता जाएगा। आपके विचारों के कारण उत्पन्न आकर्षण शक्ति उसे आपकी ओर खींचने लगती है। और इस प्रकार सतत चिन्तन करके व प्रयत्नशील रहकर आप उसे प्राप्त कर लेते हैं।

क्या यह सचमुच इतना सरल है? अगर आपका जवाब 'नहीं' है तो आपके पुनर्विचार के लिए एक बात मैं आपके सामने रखता हूं। आपने कई बार इस बात का अनुभव किया होगा कि किसी भी विचार को पूरा करने के लिए जब भी आपने अपनी समग्र शक्ति का प्रयोग किया, पूरी दृढ़ता और लगन के साथ उस दिशा में काम किया, तो उसमें आपको सफलता अवश्य मिली। इसका एकमात्र कारण यही है कि उस कार्य को पूर्ण करने या उस वस्तु या लक्ष्य की प्राप्ति के लिए आपका उससे जुड़े विचारों से बहुत ही गहरा संबंध स्थापित हो गया था। इस कारण आपमें एक दृढ़ विश्वास के साथ-साथ एक ऐसी करिश्माई शक्ति उत्पन्न हो गई थी, जिसने आपको आसानी से सफलता दिला दी। यह सिद्ध प्रयोग है विचारों की दुनिया का। इसलिए अपने विचारों के साथ आप भी अपना गहरा संबंध स्थापित करें। फिर देखें अपने विचारों का जादू कि वे कैसे काम करते हैं व कैसे आपको सफलता की बुलन्दियों तक पहुंचाते हैं।

---●---

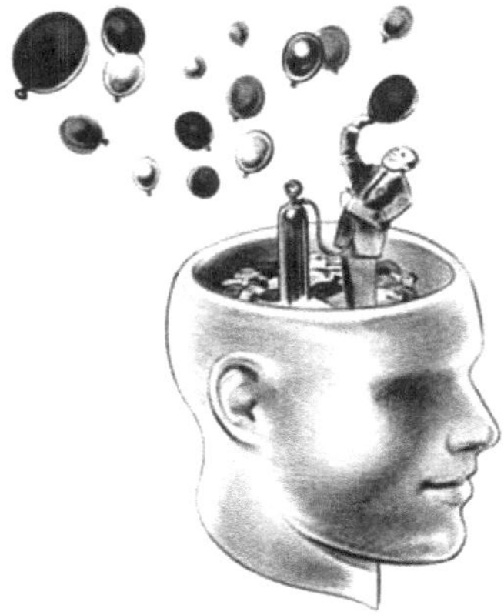

प्रयास से प्राप्ति

✍ आपके क्रियाकलाप ही आपके विचारों को मूर्त्तरूप देते हैं। मन में उत्पन्न हुई इच्छाओं को व्यक्ति अपनी क्रियाशक्ति के द्वारा पूरा करता है। विचारों के साथ जब तक क्रिया नहीं जुड़ेगी तब तक विचार सिर्फ विचार ही बने रहेंगे। क्रिया के बिना विचार मृत हैं। क्रिया से ही विचार में प्राण भरते हैं। सोचते रहिए। कल्पनाएं करते रहिए लेकिन कार्य न कीजिए, ऐसा सोचना, ऐसा विचार करना मृत समान है और मरा हुआ विचार आपको कुछ नहीं दे सकता।

देखा गया है कि कई बार विचार और क्रिया का संयोग बिठाने तथा पूरा परिश्रम करने के बावजूद भी इच्छित सफलता नहीं मिल पाती है। आप निराश हो जाते हैं। लेकिन इसके पीछे कारण यह होता है कि आपकी शक्ति का उपयोग गलत दिशा में हुआ, और वह व्यर्थ चली गयी। पर अमूमन आप इसका दोष अपने भाग्य को देने लगते हैं। जबकि इस असफलता के पीछे वास्तविक कारण यह होता है कि आपका ध्यान अपने जीवन के स्थूल पहलुओं पर अधिक चला जाता है, लक्ष्य की ओर

आपका ध्यान केन्द्रित ही नहीं हो पाता। यदि आप अपने विचारों को इच्छाओं को साकार रूप देकर सफलता प्राप्त करना चाहते हैं, तो आपको पूरा प्रयास उसी दिशा में करना होगा। तभी आप सफलता प्राप्त कर सकते हैं।

आपके मन में कोई विचार आया तो उसे साकार रूप देने में आपके प्रयास गलत दिशा में नहीं होने चाहिए। उदाहरण के लिए आप इंजीनियर बनना चाहते हैं तो केवल औजारों को इकट्ठा करके या उनके नाम जानकर इंजीनियर नहीं बन सकते। आपको विधिवत इंजीनियरिंग की पढ़ाई पूरी करनी होगी। एक प्रक्रिया है जिसे पूरा करना होगा। एक सिस्टम को फालो करना होगा, तभी आप इंजीनियर बन पाएंगे। इसी प्रकार आप जिस क्षेत्र में भी जाना चाहते हैं उस क्षेत्र से संबंधित पूरी जानकारी हासिल करें, उसे समझें व ध्यान लगाकर सीखें। फिर उसकी प्राप्ति के लिए सूझबूझ के साथ प्रयत्न करें। आप पाएंगे कि सफलता की चोटियां आपको आमंत्रण देने के लिए स्वयं आतुर हो रही हैं।

---●---

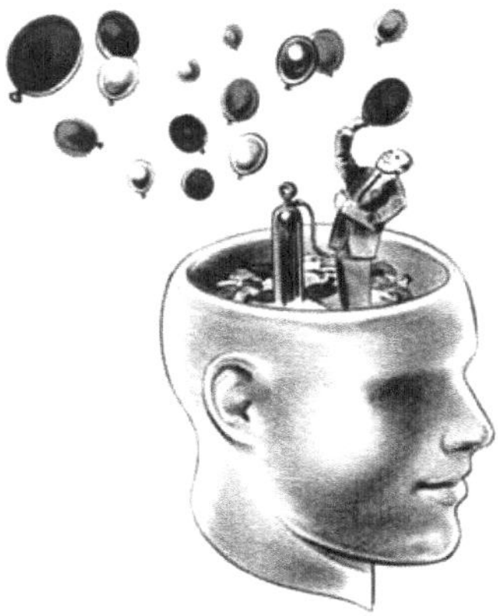

सही समय पर सही निर्णय

✍ सबसे पहले आपको यह निश्चय करना होगा कि आप चाहते क्या हैं? आपकी इच्छा क्या है, आपका आदर्श क्या है। जब आप इसका निर्णय कर लें तो फिर उसी दिशा में प्रयत्नशील हो जाएं और हमेशा स्वयं को इस बात का विश्वास दिलाते रहें कि इसके लिए आपमें पूर्ण क्षमता और योग्यता है। किसी भी प्रकार के अभावग्रस्त विचार को अपने पास फटकने न दें। निराशा को क्षणमात्र के लिए भी मन में न आने दें। अपने विचार को, अपनी कल्पना को अमली जामा पहनाने के लिए आवश्यक है कि आपमें पूर्ण उत्साह हो और उत्साह को बढ़ाने के लिए सकारात्मक विचारों का संयोग बहुत जरूरी है। आशा से भरे-पूरे विचार और सफलता का विश्वास ही आपको वो साहस प्रदान करता है जिससे आप अपने विचार को अमली जामा पहना सकते हैं, अपने सपने को पूरा कर सकते हैं या अपनी कल्पना के चित्र में सफलता के रंग भर सकते हैं।

हतोत्साहित करने वाला एक भी विचार मन में न आने दें और इस

बात पर बराबर नजर रखें कि आपका प्रयत्न सही दिशा में हो रहा है या नहीं। आपका निर्णय सही और समयानुसार होना चाहिए। आप वार्षिक परीक्षा में टॉप करना चाहते हैं तो सिर्फ विचार, कल्पना या सपने से काम नहीं चलेगा। इसके लिए आपको एक नियम बनाना होगा। प्लानिंग करनी होगी और उत्साह और विश्वास से ध्यानपूर्वक अध्ययन करके ही आप अपने लक्ष्य को पा सकते हैं। प्रत्येक कार्य का एक समय होता है। इसके लिए एक नियम का पालन करना पड़ता है, तभी मनवांछित फल प्राप्त होता है।

---●---

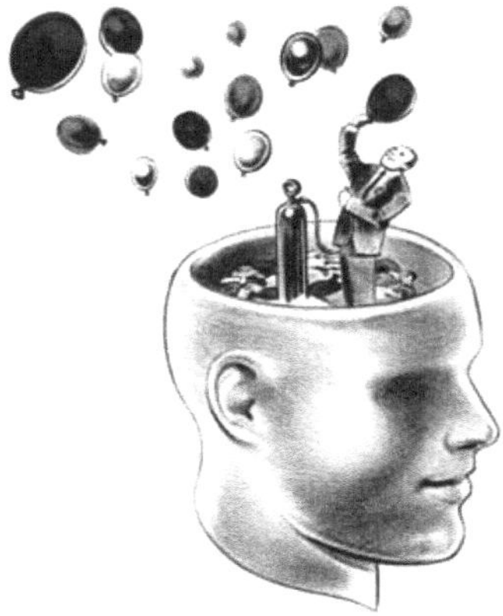

सफलता का बीजमंत्र है– आशापूर्ण विचार

✍ आशा में बड़ी शक्ति होती है। आशापूर्ण विचार हमेशा आपको सक्रिय, उत्साहित और स्फूर्तिमय बनाए रखते हैं। आप स्वयं कभी भी इसका अनुभव करके देख सकते हैं। आप हमेशा यह सोचकर प्रयत्न करते रहें कि आपके परिश्रम का परिणाम अच्छा ही होगा और आप देखेंगे कि आपको परिणाम अच्छे ही मिलेंगे। कभी भी अपनी कार्यक्षमता पर, अपने फैसले पर, अपनी योग्यता पर शंका न करें। शंका होने पर आपका मन डगमगा जाएगा। आपकी कार्यशक्ति क्षीण पड़ जाएगी। इसलिए हमेशा उत्साहजनक, आशावादी विचार ही मन में रखें। आशावादी विचारों का शारीरिक और मानसिक, दोनों रूप में बड़ा प्रभाव पड़ता है और इस प्रकार के विचार आपकी उन्नति में सहायक बनते हैं।

विचार जितने आशावादी होंगे, आपको उतने ही अनुपात में

सफलता मिलेगी। निराशा या शंकाएं आपके संकल्प को खण्डित कर देती हैं।

जब आप किसी कार्य को इस विश्वास के साथ करते हैं कि ईश्वर ने आपको इसी काम के लिए धरती पर भेजा है तो आप उस कार्य को अवश्य ही पूरा कर लेते हैं।

स्वयं पर भरोसा, सकारात्मक विचार, स्वस्थ नजरिया, व्यापक सोच और अच्छे परिणामों की आशा–यही है जीवन में सफलता का बीज मंत्र। इसमें भी आशा वो जीवनदायिनी शक्ति है जो विचार को फलीभूत करने के लिए ईंधन का काम करती है।

---●---

चलते चलते...

दोस्तों!

यह पुस्तक आपने पढ़ ली है। मेरा विश्वास है कि अब आप अवश्य ही अपने विचारों का विश्लेषण कर रहे होंगे। यह अच्छी बात है।

मेरा अपना मानना है कि हमारे जीवन की बुनियाद हमारे विचार ही होते हैं। तस्वीर कितनी भी अच्छी हो, यदि हमारे विचार उसे अच्छा नहीं कहेंगे तो वो हमें अच्छी लगेगी ही नहीं और कई बार सामान्य सी तस्वीर में भी हमें सुन्दरता दिखाई देती है। इसके पीछे भी विचार ही है। विचार से ही हम सुख की अनुभूति पाते हैं और विचार ही कभी-कभी असफलता के गर्त में धकेल देते है। विचार ही मन को शान्त करते हैं और विचार ही उसे अशान्त कर देते हैं।

विचारों में गजब की शक्ति है और ये जादू करते हैं। अपने इस 'विचार' को आप तक पहुंचा पाने में मैं कहां तक सफल हुआ हूं, हमेशा की तरह यह निर्णय मैं अपने बुद्धिमान पाठकों यानी आप पर छोड़ता हूं। मेरे भरोसे को आपने अपने मूल्यवान विचारों से पहले ही कई गुना बढ़ाया है। इस बार भी मुझे पूरी उम्मीद है कि आप का बहुमूल्य विश्लेषण भविष्य के लिए मेरा मार्गदर्शन करेगा। इसलिए मुझे इन्तजार रहेगा, आपके विचार वाले उस ई-मेल का जिनमें मैं आपका और अपना वो आत्मीय संवाद पाता हूं जो किसी भाग्यशाली को ही मिलता है।

आपका

website : suryasinha.com
E-mail: contact@suryasinha.com
or suryasinha@suryasinha.com

tu&izfrfØ;k,aa

सूर्या जी,

आसाम में पिछले दिनों हुआ आपका तीन दिवसीय '*Goal Setting and Dream Building Programme*' बेहद सफल रहा। प्रोग्राम अटैण्ड करने के बाद सैकड़ों की संख्या में युवक-युवतियों ने मुझे बताया कि आपका यह प्रोग्राम अटैण्ड करके उन्हें वास्तव में एक नई दिशा मिली है। सभी की इच्छा है कि आसाम में आपके कुछ और प्रोग्राम्स मसलन—'नेटवर्क मार्केटिंग में सफलता, पर्सनैलिटी डेवलपमेंट' आदि आयोजित करवाए जाएं। इस संदर्भ में हमारा ग्रुप जल्दी ही कोई निर्णय लेकर आपको सूचित करेगा।

— सुशील कुमार दत्ता, ग्यासुद्दीन अहमद

(आसाम)

***

सूर्या जी,

आज आप एक 'मैनेजमेंट गुरु' के रूप में जाने जा रहे हैं। मैंने कोलकाता में हुआ आपका प्रोग्राम '*Secret of Success*' अटैण्ड किया था। इससे मुझे बेहद लाभ हुआ है। सबसे बड़ी बात तो यह है कि पहले मैं हमेशा नकारात्मक बातें सोचता था और किन्हीं अनहोनियों के डर से सहमा रहता था, लेकिन आपके सकारात्मक सोच वाले लेक्चर ने मेरा जीवन ही बदल दिया है। आज मैं सकारात्मक और आशामय विचारों को पालता हूं और वास्तव में आज जीवन का सही आनंद ले रहा हूं।

— पीयूष डे

(कोलकाता)

***

हमारे जीवन में अनगिनत समस्याएं हैं। श्री सूर्या सिन्हा जी के मार्गदर्शन में ***पर्सनेलिटी डेवलॅपमेन्ट कोर्स*** करने से मैंने सीखा कि कैसे मैं इन समस्याओं का सामना करके इनका समाधान निकाल सकता हूँ और कैसे अपने जीवन को खूबसूरत ढंग से जी सकता हूँ।

कमलेश प्रसाद, गोरखपुर

***

मुझमें आत्मविश्वास की कमी थी, कहीं और किसी के सामने बोलना होता था तो ठीक से बोल भी नहीं पाता था। मगर इस ***पर्सनेलिटी डेवलॅपमेन्ट कोर्स*** को करके मेरा शारीरिक व मानसिक बल बढ़ा है। अब मैं कहीं भी और किसी के सामने बिना ख़ौफ़ के बोल लेता हूँ। इस कोर्स को करने के बाद मेरा आत्मविश्वास भी काफ़ी बढ़ गया है।

अशोक त्यागी, दिल्ली

***

पर्सनेलिटी डेवलॅपमेन्ट कोर्स नामक कार्यशाला में मेरा मानसिक, भावनात्मक एवं आध्यात्मिक अनुभव बहुत अच्छा रहा। अध्यात्म के प्रति मेरी रुचि काफ़ी और बढ़ी है। समय और स्वास्थ्य के महत्व को भी मैंने समझा और मेरी याद्दाश्त में भी वृद्धि हुई। ऐसी ज्ञानवर्धक कार्यशाला में भाग लेकर कोई भी व्यक्ति अपने जीवन को सुधार सकता है। इसलिए मैं तो यही कहूँगा कि श्री सूर्या सिन्हा जी के सान्निध्य में ऐसे कोर्स / कार्यशाला जहाँ भी आयोजित हों आप सभी लोग भी अवश्य भाग लें।

असलम खान, लखनऊ

***

आपके द्वारा आयोजित ***पर्सनेलिटी डेवलॅपमेन्ट कोर्स*** को करके मैं मानसिक रूप से हल्कापन महसूस कर रहा हूँ। अब मेरा मन प्रसन्नता से भरा रहता है, शरीर में स्फूर्ति एवं आनन्द महसूस हो रहा है। वर्षों से जो आदतें नहीं छूट रही थीं वे धीरे-धीरे छूटने लगी हैं। भय का भाव ख़त्म हो गया है और आत्मविश्वास बढ़ा है। अब मैं यह दावे के साथ कह सकता हूँ कि इस कार्यशाला को करके मैंने जीना सीख लिया है।

तारिक अनवर, अहमदाबाद

***

श्री सूर्या सिन्हा जी से मैंने इतना कुछ सीखा है कि मैं उसे शब्दों में बता नहीं सकती। अब मैं मानसिक शांति का अनुभव करती हूं, शारीरिक रूप से अपने आप को चुस्त और दुरुस्त पाती हूं, मेरा मनोबल मज़बूत हुआ है, मेरे व्यवहार में काफ़ी सुधार आया है, आत्मविश्वास में वृद्धि हुई है। साथ ही अब मैं बहुत ही गम्भीरता के साथ अपने लक्ष्य को प्राप्त करने में लग गई हूँ।

नेहा शर्मा, जयपुर

✳✳✳

पर्सनेलिटी डेवलॅपमेन्ट कोर्स करना समय की मांग है। इसलिए सोचा यह कोर्स कर ही लिया जाए। कोर्स करने के बाद मालूम हुआ कि पूरा ***पर्सनेलिटी डेवलॅपमेन्ट कोर्स*** मनोरंजक, ज्ञानवर्धक व अच्छाइयों से भरा-पूरा था। कोर्स के पहले दिन ही मुझे आभास हो गया था कि मैंने इसमें भाग लेकर कोई नुकसान नहीं किया है। इस कोर्स में मैंने इतना कुछ सीखा है जिसे मैं अपने शब्दों में व्यक्त नहीं कर सकता। बस इतना ही कह सकता हूं कि ***पर्सनेलिटी डेवलॅपमेन्ट कोर्स*** में भाग लेकर मैं अपने आपको बहुत ही भाग्यशाली समझता हूँ।

आलोक शर्मा, पटना

✳✳✳

विनर्ज़ ट्रैक द्वारा आयोजित व श्री सूर्या सिन्हा जी द्वारा ली गई ***पर्सनेलिटी डेवलॅपमेन्ट कोर्स*** को करके मुझे इतना आनन्द आया जितना आनन्द मुझे *Essal World* में जाकर नहीं आया था। यहाँ पर श्री सूर्या सिन्हा जी ने हर विषय को इतनी खूबसूरती से समझाया व करवाया कि मुझे ऐसा लगा कि हम एक नए तरह के जीवन को जी रहे हैं। इसमें प्रत्येक प्रतिभागी अपना अनुभव लेते हुए सीख रहा था। यहां से मैंने मनोरंजक ढंग से सीखने के अलावा सकारात्मक ढंग से सोचना व देखना भी सीख लिया है।

राजीव खण्डेलवाल, पीतमपुरा, दिल्ली

✳✳✳

श्री सूर्या सिन्हा जी द्वारा कराए गए ***पर्सनेलिटी डेवलॅपमेन्ट कोर्स*** को करके मैंने सीख लिया है कि मुझे अपने जीवन को कैसे जीना है, लोगों से कैसे व्यवहार करना है, समय का कैसे प्रबन्धन करना है, अपनी कार्यक्षमता का कैसे विकास करना है, लक्ष्य प्राप्ति कैसे की जाए व अपने जीवन को किस तरह से साकार किया जाए। इन सभी बातों के लिए मैं विनर्ज़ ट्रैक व श्री सूर्या सिन्हा जी की आभारी हूं।

महिमा देशपांडे, ऐडवोकेट, मुम्बई हाईकोर्ट

***

पहले मैं अपने विचारों को दूसरों के सामने व्यक्त नहीं कर पाता था। मगर ***पर्सनेलिटी डेवलॅपमेन्ट कोर्स*** को करके मैंने अपने विचारों को व्यक्त करना सीख लिया है। मेरी झिझक समाप्त हो है। अब मैं बहुत ही आसानी से दूसरों के सामने अपने विचारों को व्यक्त कर पाता हूं। स्वयं को जानना व आत्म निरीक्षण करना मुझे सबसे ज़्यादा अच्छा लगा। इस अभ्यास को करने के बाद मेरे जीवन व व्यवहार में बहुत ही आश्चर्यजनक व ख़ूबसूरत बदलाव आया है।

दिनेश मेहरा, देहरादून

***

पर्सनेलिटी डेवलॅपमेन्ट कोर्स करने से पहले मुझे बहुत ज़ल्दी गुस्सा आ जाया करता था। अब मुझ में बहुत बदलाव आ गया है। मेरे इस शांत स्वभाव को देखकर मेरे घर वाले बहुत हैरान व खुश हो गए हैं। अब जबकि मेरा कोर्स ख़त्म हो गया है। इसलिए अगर मुझे इसके प्रचार-प्रसार के लिए कोई कार्य दिया जाएगा तो उसे मैं अपना सौभाग्य समझूंगी।

शीतल नेगी, अल्मोड़ा, उत्तराखंड

***

मेरे प्रेरणास्रोत सूर्या सर,

आपके पिछले नागपुर प्रवास के दौरान मैंने आपसे, ***पर्सनेलिटी डेवलॅपमेन्ट*** के कुछ टिप्स लिये थे। जिनसे मुझे न केवल व्यावहारिक सफलता मिली,

बल्कि अपनी कुछ कमियों को दूर करके मैंने समाज में सम्मान भी खूब पाया। मेरे कर्मचारी भी अब मुझसे प्रभावित एवं प्रसन्न रहते हैं। क्रोध तो अब मुझे आता ही नहीं।

इस परिवर्तन का श्रेय मैं आपको ही देता हूँ। आपके द्वारा कराये गए मेडिटेशन व बताए गए टिप्स पर अमल करके मुझे सबसे बड़ा लाभ दिमागी शान्ति के रूप में मिला है। अब मैं बेहद शान्त रहता हूँ। निवेदन है कि मैं अपनी फैक्ट्री के कर्मचारियों को भी आपकी क्लास अटेण्ड करवाना चाहता हूं। आपका अगला नागपुर दौरा कब होगा। कृपया बताएं या मेरे निमन्त्रण पर नागपुर पधारें। आपकी सभी शर्तें मुझे मंजूर होगी।

सुधाकर भौंसले,
नागपुर

***

इस ***पर्सनेलिटी डेवलॅपमेन्ट कोर्स*** से मुझे बहुत लाभ हुआ। इसमें मैंने जाना कि कैसे हम अपने अन्दर छुपी शक्तियों को जाग्रत करके उन्हें उचित ढंग से प्रयोग में ला सकते हैं। इस तरह के ***पर्सनेलिटी डेवलॅपमेन्ट कोर्स*** में भाग लेने का मौका अगर मुझे मिलता रहे तो मैं बार-बार इसमें भाग लेना चाहूंगा।

विनय कुमार पाठक, पटना

***

सर,

आपका ***पर्सनेलिटी डेवलॅपमेन्ट कोर्स*** करने के बाद से मेरे जीवन में आश्चर्यजनक परिवर्तन आया है। आपके ***पर्सनेलिटी डेवलॅपमेन्ट कोर्स*** ने मेरे जीवन की दिशा बदल दी है। मैं एक दवा कम्पनी में बतौर एक्जीक्युटिव था, पर मुझे कुछ ख़ास सफलता नहीं मिल रही थी। लेकिन आपके कोर्स पर अमल करने के बाद उसी कम्पनी में अब मैं नम्बर वन हूँ। आपके दिशा-निर्देशों पर अमल करके ही मैंने अपने व्यक्तित्व का ऐसा विकास किया है कि अब मेरे कार्य क्षेत्र में मेरा प्रभाव काफी बड़ा है और

आत्मविश्वास में भी ज़बरदस्त इज़ाफा हुआ है। मेरी सफलता का श्रेय सही मायने में आपको ही जाता है।

मनीष कुमार, कानपुर

✶✶✶

सर,

मेरे एक मित्र ने मुझे आपके ***पर्सनेलिटी डेवलॅपमेन्ट कोर्स*** के विषय में बताया था। आपकी क्लास अटैण्ड करके मैंने अपने व्यक्तित्व को निखार कर वह सब पाया जिसका मैं तलबग़ार था। यानी–प्रभाव, सम्मान, सफलता, लोकप्रियता और प्रतिष्ठा। आज मेरा ना कोई विरोधी है, ना शत्रु। जो थे, उन्हें मैंने आपके बताए सुत्रों पर अमल करके अपना मित्र बना लिया है। अब मैं अपने बेटे और बेटी को भी आपकी क्लास अटेण्ड करना चाहता हूँ।

कृपया बताएं कि अब अहमदाबाद में आपकी क्लासेज कब शुरू हो रही हैं?

आपका विद्यार्थी

जे.के.बर्मा, अहमदाबाद

✶✶✶

सर,

आपकी पुस्तक **'सकारात्मक विचारों का जादू'** बेहद पसन्द आई। इस पुस्तक ने न केवल मेरे सोचने का नजरिया बदला, बल्कि सकारात्मक विचारों ने मेरी ज़िन्दगी ही बदल दी है। मेरे जिस मित्र ने मुझे आपकी यह पुस्तक भेंट की थी। उसी ने मुझे आपके द्वारा आयोजित की जाने वाली ***पर्सनेलिटी डेवलॅपमेन्ट कोर्स*** के विषय में भी बताया।

अब मैं आपकी क्लास अटेण्ड करना चाहता हूँ। मैं भोपाल में रहता हूँ कृपया मेरा मार्गदर्शन करें कि मैं किस प्रकार आपकी क्लास अटेण्ड कर सकता हूं।

संतोष अग्रवाल, भोपाल

---●---

बुकिंग हेतु आदेश पत्र

नाम --

पता --

फोन -------------- मोबाइल --------------------

ई-मेल --

कार्यशाला/सेमिनार – ☐ सात दिवसीय ☐ पांच दिवसीय

☐ तीन दिवसीय ☐ दो दिवसीय ☐ एक दिवसीय

(जिस कार्यशाला/सेमिनार का चयन करें, उस बॉक्स पर ✔ का निशान लगाएं।)

कृपया ध्यान दें

✔ सभी कार्यशालाओं/सेमिनारों की अलग-अलग प्रोफेशनल फीस है।

✔ एक से ज्यादा सेमिनार/कार्यशाला करवाने पर पेकैज डिस्काउंट मिलेगा।

✔ हवाई जहाज किराया और लॉजिंग व फूडिंग के अतिरिक्त चार्जिज होंगे।

✔ चयनित कार्यशाला/सेमिनार बुकिंग हेतु शुल्क का 50 प्रतिशत बैंक ड्राफ्ट/चेक के जरिए अग्रिम भुगतान करना आवश्यक है।

यदि आपको अपने शहर में सूर्या सिन्हा की कोई पुस्तक अथवा कॅसेट मिलने में परेशानी हो या कार्यशाला/सेमिनार की फीस एवं बुकिंग हेतु हमें

ई-मेल करें या फोन पर सम्पर्क करें -

E-mail **:**
winnerztrack@gmail.com
Website : :www.suryasinha.com
www. winnerztrack.com

फोन: 09313632981, 09350527204

आमंत्रण

यदि आप अपनी पर्सनैलिटी को डेवेलॅप करना चाहते हैं और व्यक्तिगत रूप से लेखक, मानव प्रशिक्षक एवं प्रेरक सूर्या सिन्हा का **'पर्सनैलिटी डेवलॅपमेन्ट प्रोग्राम'** को अटैण्ड करना चाहते हैं तो आप इस रजिस्ट्रेशन फॉर्म को भर कर हमें भेज सकते हैं। हम आपको अपने **'पर्सनैलिटी डेवलॅपमेन्ट प्रोग्राम'** में शामिल होने के लिए आपके नजदीकी शहर में आमंत्रित कर सकते हैं–

रजिस्ट्रेशन फॉर्म

आवेदक का नाम : ....

पिता / पति का नाम : ....

माता का नाम : ....

आयु : .... वर्ष

लिंग : पुरुष ( ) स्त्री ( )

शैक्षणिक योग्यता : ....

आवेदक का व्यवसाय : ....

घर का पता : ....

....

....

फोन नं0 : ....

मोबाइल नं0 : ....

कार्यालय का पता : ....

....

....

फोन नं0 ....

सीन : ....

दिनांक : ....

....

हस्ताक्षर आवेदक